日本的文化

[日]村井康彦 | 著

任萍 | 译

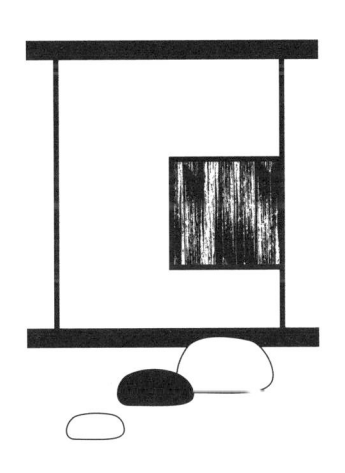

海洋出版社

2023年·北京

图书在版编目（CIP）数据

日本的文化 / 村井康彦著 ; 任萍译 . — 北京 : 海洋出版社，2023.2
　ISBN 978-7-5210-0899-9

　Ⅰ．①日… Ⅱ．①村… ②任… Ⅲ．①文化史—日本 Ⅳ．① K313.03

中国版本图书馆 CIP 数据核字 (2022) 第 004260 号

NIHON NO BUNKA
by Yasuhiko Murai
© 2002 by Yasuhiko Murai
Originally published in 2002 by Iwanami Shoten, Publishers, Tokyo.
This simplified Chinese edition published 2023
by China Ocean Press Ltd, Beijing
by arrangement with Iwanami Shoten, Publishers, Tokyo
北京市版权局著作权合同登记号 图字：01-2023-0607

RIBEN DE WENHUA
策划出版：茶文化工作室 南宋書房 NANSONGBOOKS
责任编辑：张　欣
责任印制：安　淼
海洋出版社 出版发行
http://www.oceanpress.com.cn
北京市海淀区大慧寺路 8 号　邮编：100081
北京雅昌艺术印刷有限公司　新华书店北京发行所经销
2023 年 2 月第 1 版　2023 年 3 月第 1 次印刷
开本：889mm×1194mm　1/32　印张：7
字数：155 千字　定价：69.00 元
编辑部：010-62100096　发行部：010-62100090　总编室：010-62100034
海洋版图书印、装错误可随时退换

前言　考察日本文化的视角

1. 关于杂种文化[①]

每当坐在电车上，不经意看着周围乘客的时候，我总在想，日本人的长相真是形态各异。虽然每个人的长相没有显著特征，但都各不相同。我甚至在想，世界上像日本人这样长相多样的民族恐怕为数不多。当然，如果你仔细观察就会发现，这种长相貌似在什么地方见过，那种长相也似曾相识。因此，似乎可以将日本人的长相归为几类。虽然人们长相各异，却都具有日本人的气质。这难

[①] 杂种文化：此观点最早由加藤周一提出，这里的"杂种"并非贬义词，指日本文化融合了传统的、现代的、西方的、东方的各种文化。——译者注（全文脚注均为译者注）

道不是我们的日常体会吗？要我说这也许就是日本人论、日本文化论的切入点。

毋庸置疑，这是长久以来，从东南西北、陆地海洋等世界各地来到日本列岛（包括与大陆接壤的时代）的不同民族融合的结果。因此，日本列岛上形成的社会与文化，坦率地说是一种杂种社会与杂种文化。

薤头文化论

在理解作为杂种文化的日本文化时，最合适的切入点就是薤头文化论。当我们把薤头鳞茎的表皮一层层剥去后，最终将一无所剩。与此相同，薤头文化论认为，全部都是外来文化的日本文化完全没有自己固有的文化与原创事物。

以薤头文化论作为比喻非常有趣，而且也确实有触及其实质的地方，但这种观点的不足之处在于，它认为日本文化保留着外来文化被接受时的样态。如果确实如此，那便可以将日本文化层层揭开，到最后一无所剩，如果真的是这样的话，这的确与薤头一样。

但事实上，日本人在接受外来文化时对其进行了改造，有时甚至完全改变了原样，通过自己的感受力和审美意识孕育出的文化扎根于日本的风土。这种扎根后的文化，已经不能像薤头的表皮那样可以一层层揭开。薤头文化论是一种把文化单纯作为"量"来看待而非作为"质"的问题来考量的观点。

与认为日本文化中没有原创观点互为表里的是我们不愿听到的

所谓日本人善于模仿的评价。但是，日本人对原创进行改造，并迅速创造出胜于原创的事物，这一点举世闻名。照相机与汽车就是典型的事例。特别是照相机，日本在很长一段时间都模仿德国，但从测距相机发展成为单反相机以后，日本便开始了自主研发，一直发展至今。可以说这是在模仿时代培养起来的技能——文化力最终转化为创造力的事例。在知识与技术水平低下的阶段，模仿是一种学习态度，当自身的能力提高以后，模仿就是一种能够创造出自己独特文化的潜在能力。

文化是过程

这样一看，我们便明白了，文化不仅是结果，其创造事物、改变事物的过程才更为重要。我想以这种观点——文化是过程作为本书的主线。

关于这一点需要补充的是文化的起源论，也可以称为寻根论。日本人偏爱起源论，对于日本人来自哪里，日语的原乡是哪里等问题都非常感兴趣。想要了解自己的祖先是一种理所当然的求知欲，更何况当我们考虑到日本文化的杂种性时，也许只有寻根才是最重要的任务。

我也认为起源论非常重要。在多数情况下，人们都将目光投向日本列岛之外，去探寻文化的原乡。经过不断验证，人们终于明白日本文化中的北方要素与南方要素。

但是，起源论中也有需要注意的地方。从每种文化来看，其原乡与日本之间未必都有直接联系。因为这些文化从原乡经过陆地与海洋传播到日本以前，很可能已几经变化。也就是说，我们有必要关注文化传播的过程。

同样，文化传入日本之后也是如此。经过时间的流逝与空间的传播，文化在各个地域发生变化并且植根于当地，形成了地域文化，因此原创也并非是一成不变的。

2. 关于岛国文化

即使在考察前文提到的外来文化的接受和改变时，在理解日本文化方面无法回避的则是"岛国"的文化意义，即日本是岛国这一事实是如何作用于文化的存在方式的。

全球主义与岛国

我们知道，信息传播技术发展至今，世界各地发生的事情可以瞬间被传播开来，以致于改变了政治、经济以及社会结构。人们甚至认为日本是否是岛国已经无关紧要，拘泥于岛国毫无意义。正在发展的全球主义也更助长了这种想法。但事实确实如此吗？

日本人总是被说缺乏外交能力，我们也不断切实感受到这一点，也许是岛国使然吧！因为四周环海的日本人很少与其他民族直接接触，丧失了培养外交能力的机会与必要性。这在现代也是日本人的属性之一。可见，所谓的国际感并非一朝一夕就能培养起来的。岛国论对现代日本人而言也没有时过境迁。

岛国（文化）论实际是有"前科"的。战前①曾经存在一种主张日本文化优越性的自以为是的观点，认为独立于大陆存在的日本文化是独特的，是其他国家的人们无法理解的。这种想法确实是导致日本误入歧途的原因之一。

岛国论的否定论

战后出现了批判岛国文化论的观点，这是理所当然的。特别是最近，网野善彦在一系列著作中，积极展开了包括上述批判在内的岛国（文化）论的否定论。

网野善彦认为，日本列岛虽然四面环海，但日本人并不认为这是阻碍，他们通过舟楫自由往来于大陆与列岛之间。在与大陆的交流中，岛国没有成为制约因素，因此岛国论是错误的。网野善彦的这一观点给人们很大启发，他通过日本与大陆交流的丰富史料进行论证，改变了以往人们的看法，受到了充分肯定。

但是，日本是岛国是俨然存在的事实，这一点无法否定。虽然日本人通过舟楫自由往来，但没有一艘船能够像遣唐船那样令人满意地顺利渡海，这也是不能忽视的事实。或者还可以说正因为是岛国，日本才不需要投入像中国王朝建造万里长城那样的精力。日本

---

① 指第二次世界大战。

仿照中国都城建造的宫城之所以没有城郭，也是因为不需要考虑外敌入侵，可见，两国城市建设的思想完全不同。虽然我也欣然认同否定上述岛国论的网野善彦，其观点具有启蒙性意义，但现在我们需要构筑一个应有的岛国文化论。

岛国文化的特征

日本是岛国这一事实的文化意义大概有以下几方面。

第一，如果没有需求欲望，吸收异文化则近乎不可能。

第二，虽说日本列岛涌入了各种文化，但对异文化的吸收是非常有选择性的。例如宦官，是让男子去势后（经过阉割）养成另一类人格，侍奉权贵（这是将本来游牧社会中对动物实施的行为应用于人类的做法，在支撑中国皇权方面发挥了重要作用。类似的做法被很多地方采用，唯一例外的就是日本）。

又比如说，画家牧溪虽然在中国不太受关注，但非常符合日本人的审美，其作品被称为"和尚之画"，最受日本人青睐。这是日本人有选择地接受符合自己感性与审美意识的事物的绝好事例。

第三，对于日本人来说，由于中国压倒性的文化优势，所以很早就把中国作为憧憬的对象，隔海相望的地理条件则放大了这种憧憬。奈良时代，赴任大宰府的大伴旅人与九国二岛的国司、郡司们举行梅花歌宴，其间创作的和歌很多都被收入《万叶集》中，人们甚至能够通过这些和歌感受到当时的那种氛围，虽然是和歌，但主题都是唐风形式。不久汉诗便取代和歌成为正式场合吟咏的诗歌，日本迎来了"国风（和歌）黑暗"时代，这是自然的趋势。

中国的学问素养，或者精通这些学问素养的人被称为"汉才"。"汉心（汉意）"是指以中国的方式来判断事物。

与"汉才""汉心"相对的词语是"大和心"，这里需要注意的是这个词语的意义。具体将在正文中再作论述。《大镜》中通过藤原时平的故事阐释的"大和心"是指生活中的现实处理能力以及政治能力等。一般认为这一词语的产生是因为还无法与中国的"汉才"相匹敌，日本人擅长的是生活中的智慧与才能，所以便产生了"大和心"的概念，这究竟是否值得自豪，我的心情有点复杂。"大和心"说明日本人很早就开始意识到自己的现实主义倾向，我们不应忘记，这是一味追求经济利益与生活便利，被称为经济动物的现代日本人的本性，同时也是创造生活文化（艺术）的日本人的特质。

3. 关于生活文化

之前叙述的是关于日本文化的土壤，或者说文化形成的历史、地理条件，也可以说是日本文化的环境。在叙述这些事情的过程中，终于到了要探明日本文化本身特征的阶段。

女性文字与日记

进入平安时代①以后,"大和心"开始发扬光大,这是因为长期接受中国文明洗礼的日本人,终于获得了创造自己独特社会文化的能力。可以说这与通过汉字的草体化创造平假名,利用汉字的一部分创造片假名的方法来创造自己文字的过程是重合的。由于平假名、片假名的发明,与之前单纯依靠汉字的表记形式相比,可以更加自由地表达思想与感情。而且由于假名在贵族社会的传统中专属女性使用,因此被称为"女性文字",不久女性使假名文学大放异彩,这从世界史范围来看也是值得关注的文化现象。

九世纪末至十世纪初,私日记②的出现也特别值得一提。虽说是私日记,但内容包含了为子孙和家族着想的目的,促进了个人自我意识的发展,不久便出现了女性日记。据说最初的女性日记《蜻蛉日记》的写作意图是只写自己的事情,只写事实,之所以流传至今,是因为这一划时代的作品真实表达了超越时代不变的女性的悲伤。

我认为日本文化的特征正是像这样在日常生活中捕捉事物,在个人层面上展开的。用一句话来概括就是"生活文化(艺术)"。本书所选取的从古代到近代的各个主题,对于理解日本文化而言并不充分,而且也有偏颇之处,但这些主题的基本思想都是上文所说的生活文化。

---

① 平安时代:日本古代的一个历史时期,从公元794年到公元1192年。
② 私日记:日本平安时代,由于政治事务的仪式化,王朝贵族在记录国家事务等公共日记之外也开始创作私人日记。

物、地方、人

"大和心"的出现开始于以唐物为对象的"物数奇"①，这也是说明日本文化的特征是生活文化的绝好事例。遣唐使的派遣废止以后，随着唐商船来往的频繁，日本人对珍奇异宝的执着追求取代了对学问、思想的摄取，"唐物数奇"开始出现了。虽然后来追求的对象也曾变为"和物""高丽物"等，但仍可以说直到今天，"物数奇"培养了日本人的审美意识。而且生活中出现的物品收纳场所，比如说壁龛，就是为了装饰唐物而设计出的日式空间，这正是接受了异文化的日本式场所。

文学、文艺被带入用唐物装饰的地方——"集会场所"，且多以集会而非个人的形式进行，这是中世②文艺特有的形态，也表现了"生活文化"的特征。其中受到重视的是集会中在座之人的人际关系，是代替审美意识的伦理道德。"一期一会"的观念是其终极形态。

"型"③的文化

生活文化（艺术）的特征，在于从身边寻找素材，使其具有一

---

① 物数奇：指对事物倾注特别的兴趣，喜欢风雅之物。这里是指日本镰仓时代（1185—1333年）至室町时代（1336—1573年）的唐物爱好者。"唐物"是指从中国带来的物品。
② 中世：历史分期之一，在古代与近世之间。在日本史上，指镰仓时代和室町时代。
③ 型：指成为规范的动作和方式。

定的形态而成为艺术。也就是说日常性的非日常化，其中发挥重要作用的是"型"。"型"对于回到日常（性）就失去艺术性的生活艺术来说，是不可或缺的支柱。

如果你要问最能直接表示日本生活文化的词语是什么？我会毫不犹豫地回答是"市中山居"。

"市中山居"是指战国时代[①]的都市居民将山野草庵引入日常生活场所，并享受这种空间与时间。如果说"市中"等于日常、世俗、生活，"山居"等于非日常、脱俗的世界，那么"市中山居"就是指"生活艺术"本身。

这样看来，可以说生活艺术（文化）是在日常性与非日常性的关系中涵盖了所有必要条件的世界。而且与这种生活艺术（文化）相关的问题，都是在生活艺术（文化）得到最大限度普及的江户中期[②]——元禄时期（1688—1704年）一举爆发出来的。这就是我在本书最后提到的包括家元[③]制度在内的这一时期蓬勃发展起来的大众文化的原因所在。

---

① 战国时代：指15世纪末到16世纪末，日本室町幕府的实体丧失，各地有实力的大名争霸的时代。即从应仁之乱到织田信长巩固统一天下的基础这段时期。
② 江户中期：江户时代，日本历史上武家封建时代的最后一个时期，从公元1603年到公元1868年。
③ 家元：是传统技艺的领域里的流派创始者、掌门人的别称。

目录

第1章 · 神与佛 —————————————— 1

诸神的诞生 / 象征树 / 飞鸟寺西侧的广场 / 夜刀神 / 磐座 / 神佛习合的思想

第2章 ·《风土记》的世界 ———————— 13

松尾芭蕉与《风土记》/《风土记》的意义 / 地名传说 / 垦荒传说

第3章 · "京城"的原像 ———————————— 23

"京城"的原乡·飞鸟 / "京城"的原像 / 出身法 / 迁都的力学 / 京师集属 / 平城贵族与平安贵族

第4章 · 知识与有识 —————————————— 33

古代的"外籍教师" / 佛教传来与僧侣 / 司马氏三代 / 中臣氏与藤原氏 / 氏族的职能分离

第5章 · 遣唐使废止前后 ——————————— 45

汉字与假名 / 对共识的质疑 / 在唐留学僧中瓘的书信 / 唐风与国风 / 从梅花到樱花

第 6 章 · 私日记的出现 —— 57

具注历与历日记 / 始于天皇日记 / "年中行事屏风" / 贵族与日记 / "望月之歌"的真相 / 日记与"大和心" / 男性日记与女性日记

第 7 章 · 王朝的才女们 —— 73

历史与文学 / 女官与女房 / 成为女房的条件 / 女房沙龙 / 消逝的"才女季节"

第 8 章 · 写实与幽玄 —— 85

描绘肖像 / 九条兼实与"似绘" / 绘画与说话 / "似绘"画家的出现 / 何谓"似绘" / 物量主义的"信仰" / 武士的出现 / 何谓遁世者 / 绘系图

第 9 章 · 内野的芜菁——权威与权力的分化与互补 —— 105

"沿内野大道" / 太郎烧毁·次郎烧毁 / 内里皇居成为皇宫 / 源赖朝的奉公 / 皇位继承的两大原则 / 武家的皇宫建造 / 皇宫后事

第 10 章 · 品茶会与连歌会 —— 121

棋子茶的故乡 / 团茶与抹茶 / 茶竞技的普及 / 婆娑罗的品茶会 / 连歌会的盛行 / 个人的文学·座席的文学

第 11 章 · 众人爱敬与贵人赏玩 —— 135

多样的中世艺能 / 多才多艺的艺人 / 众人爱敬 / 消失的山村 / 花的文艺理论 / 进入《花传书》的时代

第 12 章 · 物数奇的谱系 —— 149

重于生命的茶具 / 吉田兼好的唐物趣味批判 / 茶与唐物数奇 / 物的装饰空间 / 壁龛的出现 /《君台观左右帐记》与同朋众 / "消弭和汉之界"

第 13 章 · 市中山居 —— 165

茶道的"型"/ 方丈间四席半 / 市中山居 / 都市的生活文化 / 茶道的飨式 / 日常与非日常之间

第 14 章 · 一座建立 · 一期一会 —— 177

"一期一会"是指巧遇吗？/ 两种"一座建立"/ 四席半与小间 / 待庵中的尝试 /"小门"的意义 / 座席中的个人 / 井伊直弼的《茶道一会集》

第 15 章 · 大众文化的构图 —— 193

松尾芭蕉的元禄三年 / 旅行导游手册 / 女性与文艺 / 启蒙书的出版 / 贝原益轩的"童蒙之助"/《三礼口诀》/ 薮内竹心的《源流茶话》/ 从茶汤到"茶道" / 流派的分立 / 家元制度的建立

第 1 章 · 神与佛

神树

扎着草绳的庄严的古树。这是鞍马寺镇守社由岐神社的神树。著名的鞍马火节是该神社与八所明神社（合祭于该社）的例行活动，在每年 10 月 22 日时代祭的当晚举行。

诸神的诞生

眺望山脊线，森林被砍伐之后，只剩下一棵老树孤零零地立在那里——你是否看到过这样的景象？好像只有那棵树受到了特殊对待……

或者当你走在山路上，有时会看到路边的老树上扎着稻草绳——界绳。界绳的"界"是占领、占有的意思，稻草绳有"结界"的作用。被围上界绳后表示这是神圣不可侵犯的树木。

老树的一圈圈年轮营造出切实的古老庄严的氛围，让人们感到似乎有神灵栖息在此，于是对老树抱有敬畏之情，并将其神圣化。可以说这反映了日本人自古就有的自然观。

人们相信包括树木在内的森罗万象的自然界中存在着神异的力量，这种观念被称为"万物有灵论"。这是人类发展过程中持有的早期自然观。这种观念虽然不分民族、地域而普遍存在，但从后文的叙述中也可以看出这是了解日本人精神所不可或缺的特征性概念。

象征树

7世纪，也就是都城在飞鸟地区（奈良县明日香村）的时代，在特定的地方曾经树立着象征这一地区的特殊树木，这些树木就是象征树。

例如，三轮山西麓，位于现在的樱井市金屋附近的海柘榴市。

这里位于被称为"国中"的大和平原东部山麓南北走向的山路与"国中"东西走向的横大路[①]的交叉点附近，是汇集众多道路的交通要塞，自古被称为"八十巷"。这里出现的古老集市之所以被叫作海柘榴市，是因为在集市的一隅生长着椿树[②]。因此，椿树成为这个集市的象征树。

有趣的是，轻市（奈良县橿原市大轻町）有榉树，饵香市（大阪府羽曳野市古市附近）有橘树，阿斗桑市（大阪府八尾市植松附近）有与其同名的桑树，这些树木也都成为各个集市的象征树。

以上这些都是有来历的古代集市，我想它们都有象征性的树木并非偶然。如上文所述，这里的树木被认为是有灵性的，是神灵依附的物体。正因为有神灵依附的树木，集市才被视为"神圣的空间"，被认为是人们进行物资交换的合适场所。顺便提一下，在这些集市里人们不仅进行物资交换，有时也举行"歌垣"，即在众人环视之下，男女对歌，进行求偶比赛；有时还会将罪犯及其赃物当街示

---

① 横大路：日本古道，由大和朝廷修建的道路。
② 日语中"海柘榴"与"椿"的发音相近。

众。此外，608年人们在海柘榴市举行盛大的欢迎仪式——以众多盛装马匹迎接陪送小野妹子回国的隋朝使节裴世清。海柘榴市之所以被选为举行如此隆重活动的场所也可以说是因为集市原本就是神圣的空间。

飞鸟寺西侧的广场

关于象征树，还要说的是飞鸟寺西侧广场上的榉树。

7世纪中叶一棵大榉树成为飞鸟寺西侧广场的象征。

飞鸟寺正确的叫法是法兴寺，是6世纪末期由苏我氏在飞鸟地区的小盆地——真神原上建造起来的当时最大的寺院。在建造该寺时，苏我氏从百济招来了寺工[①]、炉盘博士[②]、瓦博士[③]、画工[④]等工匠。可以说在当时飞鸟寺是投入了最新、最高技术建造而成的。安置在金堂里的由止利佛师创作的释迦如来坐像（重要文化遗产）虽然饱经岁月的风霜，但那散发时代气息的独特的古典式微笑至今仍让人们痴迷。

在飞鸟寺（东）与甘樫丘（西）之间有一个广场。随着考古的进展，人们发现这个广场曾经铺设着石板，竖立着喷水设施的须弥

---

① 寺工：建造寺院的工匠。
② 炉盘博士：铸造佛塔顶部露盘、相轮等的工匠。
③ 瓦博士：制造屋顶瓦片的工匠。
④ 画工：绘制壁画等的工匠。

山石，作为人们举行盛大宴会的场所，设施非常齐全。这里位于古代国家的中枢，是发挥公共职能的空间。

大家可能听说过下面这则逸闻，645年（皇极四年）正月在这个广场上举行的蹴鞠大会，成为中大兄皇子与中臣镰足联手打倒苏我氏的开始。同年六月，在苏我氏倒台以后，中大兄皇子在这个广场的榉树下召集群臣，誓约今后要同心协力。这件事被称为"树下誓约"。正因为榉树具有特别的意义，也就是说人们出于对灵性的敬畏，中大兄皇子才会在这里举行上述仪式。

无论是集市中的树木，还是广场上的树木，这些象征树发挥的作用是让人思考古代人对自然所持有的朴素却坚实的信仰，或者说这就是古代人的精神世界。当然，这种万物有灵论并非日本人独有的。但是我之所以特别关注，是因为这种精神、自然观虽然随着时代的变迁有所改变，但现在依然是存在的，这是理解日本文化必不可少的一把钥匙。而且，当万物有灵论——认为万事万物都具有灵性——变成日本人的特质时，这片国土就变成了到处都有可能诞生神灵的地方。

夜刀神

当思考自然与人类的关系中产生的诸神观念时，我立刻想起了下面的故事。

时间要追溯到150年前，《常陆国风土记》中记载了行方邵曾根村的老人们流传下来的夜刀神的故事，大意是这样的：

夜刀神的传说地

据说从本文所述的箭括氏麻多智时代开始的一个多世纪，想要在这里建筑堤坝的壬生连麿也受到了夜刀神的阻碍，但他击退了夜刀神。此照片是立在涌泉地旁边攻打夜刀神的麿小像。

　　继体天皇时，箭括氏麻多智开垦郡衙西面山谷中的芦苇荡作为田地，当时，夜刀神蜂拥而至，妨碍人们耕作。麻多智非常生气，就身穿铠甲手拿长矛，追赶夜刀神。到达山口（山麓）时，竖起界标杆，说道："这以上可以作为神的土地，但这以下要作为人的田地。今后，我自己做神官，永远敬仰祭祀诸神。因此，请不要再侵害人间，怨恨人类。"于是建造了神社，开始祭祀夜刀神。麻多智开垦了十町^①田地，子孙相承祭祀，至今绵延不绝。

这个故事的遗址据说在今天茨城县行方郡玉造町泉附近，我去当地考察时，只见山脚下的小溪谷仍有水涌出，保持着与传说中相符的面貌。古代的人们在栽培水稻时，拦截山谷之水，浸在齐腰的水里进行耕作，即所谓谷头^②水田的水稻栽培。因此，可能经常会碰到栖息在溪谷——芦苇荡湿地中的蛇。夜刀神正是指栖息在溪谷中的蛇。这里反映出古代人一边担心蛇的攻击一边还要继续耕作的画面。我非常理解古代人将蛇视为溪谷神的心理。

初期的水稻栽培并不全都始于谷头水田，但在拓荒为田的过程中，各地一定都流传着类似的故事。神的出现反映了人们对自然的情感（敬畏）。这个故事说明神是人类在面对自然的过程中产生的，是人类创造出来的。神是人类在摆脱原始蒙昧的过程中培养起来的人类智力发展的标志，从这个意义上说，人类世界中开始出现诸神的时候正是文化诞生的瞬间。

关于人类与神的关系，我想再稍作论述。例如，奈良时代^③末期至平安时代盛行的神阶授予。

所谓神阶授予，正如"大和国平群郡久度神叙从五位下，合为官社"[《续日本纪》延历二年（783年）十二月条]所述，是指政府给中央、地方的诸神授予官阶，将神社作为官社进行管理。这种

---

① 町：日本度量衡的面积单位，1町约为0.99公顷。
② 谷头：位于沟谷最上游的陡坡部。
③ 奈良时代：日本古代的一个历史时期，从公元710年到公元794年。

措施可以理解为古代国家神祇政策的一环,这里不再深入论述,但是我想,从人们给神授予官阶可以看出日本人诸神观念的特质——神是应该被敬畏的超越现实的存在,但有人才有神,神与人同在。顺便说一下,整个9世纪在神阶授予的过程中,各地列出了主要的神,在10世纪初制定的《延喜式》的诸神名簿上,一共记录了3132位神。所谓式内社就是指其来历可以追溯到10世纪以前的神(神社)。

磐座

我们再来看一下日本神的特征。

人们认为自然界本身就是神,自然万物都有神性,换句话说,即神本来似乎是有形的,而实际却是无形的。如上文所述海柘榴市位于三轮山西麓,三轮山的山体被视为神体而受到崇敬,因此大三轮神社中有拜殿而没有本殿。像这样具有美丽形态的山被称作神奈备山[①],而如三轮山一样被作为信仰对象的事例各地都有很多。

比山小的岩石被称为磐座,意思是神的栖身之地。人们从巨石奇岩中感受到神力,并信仰这些岩石,这也不乏事例。顺便说一下,京都的船冈山位于平安京中轴线(朱雀大路)的正北方,山顶上有貌似磐座的岩石。一种观点认为人们在建造都城时从那里眺望南方,从而确定了将要建造的新京的中轴线,我想也是有这种可能

---

① 神奈备山:指神镇守的山。

性的。

无论是山还是岩（石），或是树木，在自然崇拜中，这些事物作为神体受到人们崇拜，正确地说，受到崇拜的是存在于这些事物中的神力，实际上是无形的。神本来就是无形的，因此神的信仰并非偶像崇拜。

但是，从某一时期起神像开始被建造。神像的出现是奈良时代初期，即8世纪初的事情，但现存的神像都是平安时代初期，即9世纪初的造像。

在京都，受到人们崇敬的、与上贺茂下鸭神社一样作为"守护王城"之社的松尾神社里有多达20尊古神像，其中与真人等身大小的两尊彩色男神座像和一尊女神座像据说是9世纪后半期的作品，都被指定为重要文化遗产。那么为什么当时要建造这样的偶像呢？

概言之，这是受到佛教影响的结果。6世纪中期佛教从百济传入日本时，使者带来的是佛像、经论等，可见佛教（姑且不论初期）是偶像崇拜。根据《日本书纪》记载，天皇（钦明）看到这些物品时，逐一询问群臣说："西蕃献佛，相貌端严，全未曾有，可礼以不？"意思是说天皇询问群臣是否应该通过"相貌端严"的佛像造型信仰佛教。在佛教发展过程中，至少在中世以前，建造佛像曾发挥了巨大作用。奈良时期，由圣武天皇发愿建造的东大寺大佛是汇集天下力量（知识结[1]）的结晶，这在后文中将再作论述。

---

[1] 知识结：指大家合力捐款布施。

在日本文化中如果把佛教尤其是佛教艺术排除在外的话，则日本的艺术将无法想象。

神佛习合的思想

但是，神信仰中神像的出现，并非模仿佛教，而是随着佛教信仰的扩大产生的新现象——神佛习合①——的过程中出现的。佛教徒在讲说佛法时，不能无视自古就存在的神的信仰，于是出现了寻求二者结合点的动向。但是由于佛教是自释迦牟尼以来的哲理，神道教则是民俗信仰，因此虽说是习合——不同要素的调和与融合，结果却形成了以佛教为基础的理论。

其一是神宫寺。奈良时代，流传着诸神诉说痛苦、寻求佛的帮助的故事，在故事传播的过程中，出现了在神社内外建造寺院的动向，即所谓的神宫寺。除了神佛习合的鼻祖宇佐神宫寺之外，人们还建造了住吉神宫寺、鹿岛神宫寺、气比神宫寺、多度神宫寺等，甚至在被称为"国家宗庙、天下社稷"的伊势神宫境内也建造了神宫寺。在寺院内祭祀神，作为地主神——例如兴福寺的春日社，延历寺的日吉社——也都具有同样意义，寺院与神社并存成为极为普遍的现象。

其二是试图调整教理秩序，出现了"神实际是佛为了教化众生

---

① 神佛习合：指日本在佛教传入后，将原来神道教中的神与佛教中的佛结合起来，形成了新的信仰体系。

临时现身的形态"的权现思想，由此产生了本地垂迹说。也就是说佛是本地（本源、本国），神是佛的垂迹（临时现身）。神佛习合说很早就有了，可以说将其理论化的则是本地垂迹说。镰仓时代后期，以蒙古袭来为契机，也出现了倡导以神为主的反本地垂迹说，但并没有发展成为主流。

随着神佛习合的进一步发展，这种思想扎根于人们的日常生活中，许多日本人对于早晨对着神龛击掌（拍手）参拜，傍晚对着佛坛双手合十的生活并不感到别扭。可以肯定，其根本原因是认为万事万物都具有灵性（万物有灵论）的风土环境。

这样看来，日本人的信仰和宗教意识的特征是典型的多神教。所谓多神教，善言之，即日本人具有认同价值观多样性的自由精神；恶言之，即日本人是没有思想性的现世主义者。而且，这样的精神风土与后来的文化形态有着密切关系。

第2章·《风土记》的世界

水源之争的传说地

《播磨国风土记》中，兄妹神为争夺以龟池（照片深处）为水源的美奈志川的河水，在这里筑起堤坝，结果让原本流向左边的河流改道流向右边的妹神获得了胜利。这里就是传说之地，位于兵库县龙野市。

松尾芭蕉与《风土记》

元禄二年（1689年）四月，松尾芭蕉与门人曾良同行，开始了游历奥羽歌枕[①]的"长途行脚"。众所周知，这就是松尾芭蕉历经4个月的奥州小道之旅，写成游记——《奥州小道》。

根据《奥州小道》的记载，松尾芭蕉从陆奥进入出羽，顺路前往立石寺，创作了"空山何其静，但闻蝉声鸣不已，渗入岩石里"这一名句。六月五日松尾芭蕉参拜了羽黑权现[②]，记录下了当时可能成为话题的开山鼻祖能除大师的时代以及羽黑山（神社）、出羽（国）的名称等。

[①] 歌枕：古代原指作和歌的重要参考书，书中收录枕词和名胜等作和歌时必须了解的事项。后指和歌中常用的各藩国的地名和名胜。枕词是一种日本修辞法，多用于和歌等韵文，与主题无关，是冠于某词之前起导入作用的固定表达。

[②] 羽黑权现：出羽国羽黑山的山岳信仰与修验道融合的神佛习合的神，以观音菩萨为本地佛。

关于羽黑山的名称，松尾芭蕉记录说，《延喜式》中有"羽州里山神社"，后来人们在传抄时或许将"里"误写作"黑"，又或许将"羽州黑山"省略为"羽黑山"。

歌枕之旅是指游历自古以来和歌中所吟咏的名胜古迹的旅程，也是遍访各地历史与文化的旅程。其中记录了下面这样的故事。

松尾芭蕉在逗留仙台的时候，当地一位名叫加右卫门的画师对他说："近岁，余考不明之胜，愿陪君往。"意思是说，我调查了一些地点不太明确的名胜古迹，带您去看看吧！因此，松尾芭蕉之旅实际上也是地域文化再发现的旅程。以下也是让我印象深刻的故事。

叙述顺序稍有颠倒。松尾芭蕉宿泊在盐釜海湾的那晚，听了盲人法师用琵琶弹奏的奥州净琉璃。松尾芭蕉在记录感想时说道："不愧不忘边土之遗风，诚可嘉矣。"松尾芭蕉钦佩地说不愧不忘传承留在偏远乡村的传统文化，真是值得称赞。从"不愧"这个词中，可以感受到松尾芭蕉发自内心的感叹。我并不打算急于用今天的价值标准来评判此事，但看到松尾芭蕉对边远地区的热爱以及对地域文化遗产的见地，真是让人欣慰。仔细想来，如果没有这种心境，也就没有松尾芭蕉之旅了。

我本来要讲古代的《风土记》，却一直在说近世的松尾芭蕉，并无他意。因为在前面例举的羽黑山地名的"考证"故事之后，《风土记》便登场了。松尾芭蕉记录说："谓之出羽者，或以《风土记》云'献鸟之羽毛为此国之贡'也。"（之所以叫作山羽国，或许是因为《风土记》中有这个小国把鸟的羽毛作为贡品进献给朝廷的记载）。

这个结论性的语句意思含糊不清，很难判断到底是松尾芭蕉自己读过《风土记》,还是道听途说,甚至让人怀疑《风土记》存在的真实性。之所以这样说,后文也将提到,因为完成于奈良时代保留至今的只有五个地区的《风土记》,其中并没有出羽国的《风土记》。但是,如果上述松尾芭蕉的记录属实,那么也许将成为证实《出羽国风土记》直到松尾芭蕉的时代为止都一直存在的重要"证据"。事实到底是怎样的呢?根据现存的一些逸文,即那些偶尔被其他书籍引用,原文已散失只有一部分被保存下来的文章,可以知道曾经存在40多个地区的风土记,但其中并没有出羽国。因此对于根据上述记录就认为《出羽国风土记》曾经存在的观点,我持否定态度。但是,可能因为自古就有关于出羽国国名由来的传说,于是便出现了将其与《风土记》联系起来的说法。从现存的《风土记》来看,可以知道每个地方《风土记》的开始都记录了其国名的由来。

《风土记》的意义

《风土记》是日本最早以"地域"为对象编纂的记录。下面是和铜六年(713年)五月发布的命令,说明朝廷开始着力于全国各地《风土记》的编纂事业。这个命令是一段连续的文章,我根据内容将其分为(1)~(5)条。

(1)畿内七道诸国郡乡起个好名字。
(2)其郡内所产银、铜、彩色(朱砂、绿青、胡粉等作为颜料原材料的矿物类)、草木、禽兽、鱼虫等物,具录色目。

（3）及土地沃瘠（肥沃、贫瘠）。

（4）山川原野名号所由。

（5）又古老相传旧闻异事（古事、奇事），载于史籍言上。

《风土记》出现前后，作为国家事业进行的有《古事记》(712年完成)和《日本书纪》(720年完成)的编纂。前者是由稗田阿礼口述流传下来的《帝纪》与《旧辞》，再由太安麻吕记录而成的历史物语，由于故事性的要素较多，因此被称为"记"。与此相对，后者是在收集《帝纪》《旧辞》以及朝鲜之外的、诸氏族与寺院记录的基础上而写成的历史书。之所以使用"纪"字，正如人们指出的那样，因为与《古事记》一样，《日本书纪》中也有难以被确认为是史实的部分。

但是现在我想要论述的问题是，《古事记》与《日本书纪》的编纂目的都在于追溯日本"国家"形成的轨迹。受此限制，即使出现了"地域"的相关记录，也不会成为主要叙事对象。

《风土记》的编纂是朝廷为了掌握地方情况进行的一项国家事业，也是各地汇总而成的最早的地方志（包括历史），这一点非常重要。《风土记》完成以后，到地方赴任的国守，都会事先阅览此书，以获得相关知识。

《风土记》首先由郡司（一国分为数郡，具有势力的传统氏族担任大领、少领等郡司职务）对各郡的必要事项——上文所述（1）~（5）

条进行调查，汇总成报告后提交给国府。所有郡均提交后，再由国府官员统一体裁，进呈给中央朝廷。因此，《风土记》的编纂会被与之相关的郡司与国司的热情和教养而左右，自然完成的时期有快有慢，内容也有繁有简。据说进展慢的地方需要二十多年才能完成。可见致力于此项事业的地方官员的热情存在很大的差异。

一般认为，《风土记》的编纂是在全国范围内进行的，但保存下来的如前文所述，66个地区中只有5个地区——常陆、播磨、出云、肥前、丰后国。平安时代延长三年（925年），当时的朝廷命令各地上交《风土记》。虽然不清楚朝廷如何保管《风土记》，但可能《风土记》就是在这一时期散失的。另外，从上文可知《风土记》是由国府保管的，但是到了中世，和中央官署一样，地方国府也被废除，《风土记》的命运可能也与国府存亡与共了。

刚刚说到中央与地方官署不复存在，那为什么国家政治秩序还能得以维持呢？也许你会有这样的疑问。这一点在后文中再作论述。

这里我们先来思考一下，由于《风土记》的编纂，地方被记录下来的文化意义吧。

虽然受到负责调查的郡司关心程度各有不同的影响，但根据上述第（5）条，对当地寺院、神社的由来及起源的调查结果最终都被收录在《风土记》中。于是，之前最多只在某一地区流传的事情，开始在一郡、一国，甚至在全国范围内流传开来。可以说通过《风土记》的编纂，地方的历史、文化开始被发掘，并为社会所知晓；也可以说这是古代对于地方的发现。因此，如果不只有5个地区，而是有更多的《风土记》被保留下来的话，日本的古代社会就能更加丰富多彩地被呈现出来，这么一想还是觉得有点遗憾啊！

正如松尾芭蕉所说的那样，江户时代《风土记》也曾出版，当时作为常识被广泛传播。

地名传说

在保存至今的《风土记》中，读完《播磨国风土记》后的第一印象是有关地名的传说非常多。这与播磨的地域性有关。例如：

> 英保里……右称英保者，伊予国英保村人，到来居于此处，故号英保村。(《播磨国风土记》饰磨郡)
> 大田里……所以称大田者，昔吴胜从韩国度来，始到纪伊国名草郡大田村。其后分开（一族分裂），移到摄津国三岛贺美郡大田村。其又迁来于揖保郡大田村。是本纪伊国以大田为名也。(《播磨国风土记》揖保郡)

可见，移居到某地的人们，为当地取了与之前居住地相同的地名。古代为了治理北方虾夷、南方隼人，被送往最前线的关东、九州的人们，用自己的村名命名移居地的事例非常多。即使是在近代，也有北海道的开拓者们用自己出生地的町村名来命名移居地的事例。可见，人们与故乡的这种情感关联自古有之。

上述地名之后记录的是吴人①经过韩国到达纪伊的故事，吴人开始时住在名草郡大田村，后来族人经摄津移住到播磨时，便以最初居住的地名"大田"作为村名。其间不知经历了多少岁月，对于他们来说，这一定是饱受艰辛的旅程。可见，一个地名也包含了如此丰富的历史。

提到地名，战后一个时期，曾有町名、字②名不断被更改的现象。人们出于行政方便的考虑，废除难读的地名，改为简单的地名。这是一种欠缺思考的行为——抹去了地名中包含的朴素却很丰富的历史。当人们意识到这一点后，改名的动向便逐渐弱化。

地名，是还没有使用文字的古代人们将当地发生的事情与土地联系起来创造的称谓。我们的祖先通过地名延续着记忆。从这个意义上说，地名是铭刻在地表上的人类记忆的痕迹，是文化最初的符号。

垦荒传说

读完《风土记》，还会注意到与垦荒有关的系列故事。人类为了生活下去而拓荒为田，建造村落。说是垦荒，但并非像今天这样给环境带来破坏性的胡乱开发。

人们小则以家族为单位，一般以更大的集体为单位移住到新的

---

① 吴人：即中华民族汉族的江浙民系，由春秋时期吴国、越国故地衍生而来。
② 字：町或村中的一个行政区划。

地方，在那里开垦并定居下来——《风土记》记录了这种动向随处可见的时代。但是当时也有各种各样的障碍。如果说前一章提到的夜刀神传说是围绕开垦土地发生的故事，那么接下来的这个故事则是在移居、定居时与原住民之间发生冲突的传说。

> 伊势野……所以名伊势野者，此野每在人家，不得静安。于是，衣缝猪手、汉人刀良等祖将居此处，立社山本，敬祭在山岑神，伊和大神之子，伊势都比古命、伊势都比卖命矣。自此以后，家家静安，遂得成里，即号伊势。（《播磨国风土记》揖保郡）

这是有关伊势野地名起源的传说，意思是说衣缝猪手、汉人刀良等人（从其他地方迁移来）想要在当地居住，但无法安稳度日（与当地人发生冲突）。于是，在山脚（山麓）建造神社，祭祀山顶的伊势都比古命、伊势都比卖命，从此人们才得以安居，建造村落。把原住民祭祀的诸神作为自己信奉的神来供奉，从而获得了和平。与夜刀神的传说一样，这种传说在各地一定都有，但重要的是某些微不足道的诸神传说通过被记录在《风土记》中得以保留下来，获得了永恒的生命。

我被《风土记》的世界所吸引，曾经去过几个遗址。当然它们中的多数地点现在已经对外开放，虽然我们不应该一味地追思古代，但其中有些地方至今仍保留着《风土记》中所记载的原貌。让我印象特别深刻的是《播磨国风土记》中记载的发生水源之争的揖保郡美奈志川的传说地（本章中扉页上的照片）。

石龙比古命与石龙比卖命这对兄妹神，分别想往美奈志川北侧的越部村和南侧的泉村引水，二神削低山岭，开沟引水，发生了争执。最后，开通密道（暗渠）引水的妹神获得胜利，但因此河水枯竭，变成了无水河。据说这就是今天以位于兵库县龙野市北部山中（北边即新宫町）的"龟池"为水源的水道，在传说地的附近建有井关神社的内社[①]。

《风土记》的时代是遥远的过去。虽然我们无法回到彼时，但实际上现代人在山野自然中放松心情，关注梯田保护环境的作用，开始意识到自然的重要性。这似乎告诉人们有必要重新审视《风土记》中所描述的世界以及其中蕴含的自然与人类的关系。

---

① 内社：比本社更靠里的神社，和本社供奉同一祭神。

第 3 章 · 「京城」的原像

眺望飞鸟地区

这是从细川的瞭望台上眺望飞鸟地区。真神原、甘樫丘看上去像园林盆景一样，对面远处能够看到大和三山的身影。前方依稀可见葛城山系、生驹山系等群山。这是古代日本国的原乡风貌。

"京城"的原乡·飞鸟

走访飞鸟地区的时候,我一心想要登上甘樫丘。因为从那里眺望的广阔视野中,可以看到曾经存在的日本古代国家的中枢——"京城"的原乡。正如此处的照片(本章中扉页)那样,从细川的瞭望台(实际是背后的山崖上)看到的甘樫丘、真神原宛如园林盆景一样。前方是耳成山、亩傍山、天香具山等大和三山,与葛城、生驹等山脉相连,尤其让我印象深刻的是流传着大津皇子悲剧传说的二上山的形态。

从甘樫丘上,东面俯视,是真神原,左边能看到的街道是通往飞鸟坐神社森林的小路。往右看,如果在以前可以看到传说中的飞鸟板盖宫迹,前方隐约可见石舞台,不知最近会是怎样。最后,将视线从正面的飞鸟寺移至眼前,应该能够看到类似五轮塔的建筑。这就是苏我入鹿的首级冢。

据说645年(孝德元年)六月,在飞鸟板盖宫中受到中大兄皇子、中臣镰足讨伐的苏我入鹿的首级飞到此处。实际上这是不可能发生的事，这个首级冢其实是后来同情苏我入鹿的人们建造的供养塔（中世的建筑）。像这样的首级冢、躯干冢各地都有，是祭祀安抚那些死于非命的亡灵的墓碑。在关东地区，10世纪中叶在关八州战乱中受到讨伐的平将门的首级冢非常有名。各地都有首级冢，位于现在东京站附近办公区的地方也有一个。

顺便提一下，第1章中提到的飞鸟寺西侧广场的榉树，据说就是在苏我入鹿首级冢一带，沿大和平原南北走向的古道（从东依次为上街道、中街道、下街道）中的上街道栽种的。

人们开始在飞鸟地区建造京城，是6世纪末的事情。飞鸟一带是苏我氏的势力范围，以与苏我氏的血缘关系为中心建造起来的就是飞鸟的"京城"。无论是在这里建造最早的"京城"小垦田宫（后为丰浦宫）的推古天皇（女帝），还是作为摄政辅政的圣德太子，都与苏我氏有密切的血亲关系。

但是，选择哪里作为"京城"，不只与特定的豪族有关。在当时的国家阶段，飞鸟的地理条件非常适合作为"京城"，因此苏我氏灭亡后此处也基本被作为"京城"，天武天皇的飞鸟净御原宫之所以建在这里也是因为如此。这里虽然是地处大和盆地东南隅的一个小世界，但道路四通八达，绝不是一个封闭的世界。苏我氏灭亡以后，飞鸟的京城与飞鸟寺仍然担负着公共职能，与净御原宫的宫殿一起继续展现王朝的风貌。

"京城"的原像

近期的考古发掘在这里相继发现了许多遗迹,飞鸟的"京城"形象也逐渐具体化。

但是,各个"京城"的所在地、规模、构造等都还不明确。宫殿与其附属设施(包括机构职能)叫作"内廷",周边设立的官厅群(包括机构职能)叫作"外廷"。在飞鸟时期,"内廷"与"外廷"还处于未分化的状态。但是,可以推测,到了天武天皇的飞鸟净御原宫时,大极殿建成以后,大藏省以下设立了多个官厅,外廷与内廷同时扩建并得到完善。其结果,"京城"从经由藤原京迁移到平城京的时期开始被称为"百官之府"。

百官之府,意思是有许多官厅的地方,当时称为条坊制①,官厅周围形成了许多人聚居的闹市区(住宅区)。这种闹市区用"京"字来表示。可以说百官之府时期的"京城"是作为"宫(内廷与外廷)"与"京(闹市区)"的综合体发展而来的古代都市。

出身法

我们把时间倒推一下。壬申之乱(672年)以后,以飞鸟净御原宫为据点强力推行国家体制建设的天武天皇,在673年制定了以

---

① 条坊制:日本古代的城市区划方法。仿唐都长安,将城市的东西南北划成棋盘状。最先见于藤原京,后来平城京、平安京也采用这种方法。

畿内豪族为对象的"出身法"，并逐渐将对象扩展到地方豪族（676年）。出身法是指官员录用制度，首先任命畿内或者地方豪族子弟出任大舍人，再从中选用有才干的人。豪族子弟由此开始上京集中居住。

不过，683年12月颁布的诏令中有如下记载：

> 诏曰："诸文武官人及畿内有位人等，四孟月，必朝参。若有死病，不得集者，当司具记，申送法官。"

诏令要求在京的文武官员以及畿内有官位的人员在四个孟月，即一月、四月、七月、十月必须朝参。反过来说，也就意味着除此之外的月份，官员们没有朝参的义务。虽然也有平时生活在飞鸟"京城"的官员，但多数人平时只在自己的原籍地居住。因此，可以认为在飞鸟净御原宫时期，氏族在"京城"的定居还不充分。

迁都的力学

日本"京城"的特征是反复进行迁都。飞鸟时代（可能更早）历代天皇都建造宫殿。因此，为了表示天皇的名字，一般会冠以"XX宫御座天皇"作为宫殿名。

历代天皇迁入新宫称为历代迁宫。关于为什么要迁往新宫，有种意见认为是为了回避前任天皇的死秽（因死而生的污秽），但这种观念是在不久之后才产生的。因为当时的宫殿规模不大，又都是木造建筑，所以会为新即位的天皇预备新的宫殿。历代迁宫的习惯在藤原京以后也被变相继承下来。这一时期的迁都——不如说是迁宫，只是近在咫尺的迁移，并没有发生政治上的变动。

引发问题的是往较远处迁都。例如中大兄皇子（后来的天智天皇）的近江迁都。663年，中大兄皇子在白村江之战①中落败，对外关系非常紧张，便将"京城"从飞鸟迁往近江国的琵琶湖畔。根据《日本书纪》记载，"是时，天下百姓，不愿迁都，讽谏者多，童谣亦众，日日夜夜失火处多。"（天武六年三月条）②可见，当时反对迁都的运动非常猛烈。反对的理由是迁都会导致人们生活发生急剧性变化。因此，迁都需要有相应的对策。

包括近江迁都在内，中大兄皇子一生中进行了三次往遥远地方的迁都，分别是645年的难波迁都（飞鸟→难波）、653年的飞鸟还都（难波→飞鸟）以及667年的近江迁都。

需要注意的是，每次迁都都伴随有老鼠迁徙的传说。在迁都之前，会有老鼠先往新都城移动，看到这一景象的老人们预言说可能是迁都的预兆（先兆）（于是果然迁都）。第二次迁都时，虽然记录的形式先后不同，但情形还是一样的。如果只有一次，也可以说是偶然。但如果接二连三地反复出现，可能就是有计划进行的。也许古代人认为当有什么异变发生时，之前总会出现让人们进行预测的

---

① 白村江之战：也称"白江口之战"。日本天智二年（663年）日本军为援助百济而于朝鲜半岛西南部的白村江与唐、新罗联军发生的海战。日军战败撤出朝鲜半岛，百济灭亡。

② 此处应为"天智六年三月条"。

征兆。这种意识称为表层意识，但就中大兄皇子而言，难道不是一种借此操控人心的做法吗？

从藤原京迁都到平城京的元明天皇在诏令中说，并不是自己一定要迁都，而是不能无视"众议"（人们的意见）才迁都。这里所谓的众议，可能只是少数贵族之间的意见，但可知即使在古代，也要求达成共识才能行事。众议的形成，简单地说，毫无疑问正是实质上推进迁都的藤原不比等事先进行疏通的结果。

迁都，一定会有反对的意见。如果抑制反对声音而实现迁都，迁都的推进者就能在新都城建立起新秩序与新体制。从这个意义上说，迁都也是最强有力的政治行为。继长冈京之后迁都到平安京的桓武天皇，认为迁都是"公私草创"的事业，也就是创造新事物的意思。而且两次迁都都基于中国的思想，选择甲子革令（长冈迁都）、辛酉革命（平安迁都）时进行。因为无论是"革令"还是"革命"，都是指事物全部改变的意思，是迁都最为合适的时机。

京师集居

上文提到天武天皇（飞鸟净御原宫）时，人们集中居住在京城的现象还不十分普遍，但之后从藤原京到平城京的时代，出现了很大变化。迁都时，实行"宅地班给"，即给五品以上的官员分配宅地。在京城中，按照官员等级分配相应面积的土地作为宅地，资助其建成住宅。

这样就推动了有官位的人员在京城中定居，正如被称为"百官之府"一样,"京城"建立了二官八省①以下的官衙(官司),需要有官员在这里任职。换句话说,"宅地班给"是为了实现古代氏族在京城居住的目的并把他们培养成为政府官员的必要手段。

这样一来,可以说基于律令制度的官司——官员制度的完善,促进了"律令官员化",即让五品以上的官员均市民化,依靠俸禄生活。

这一政策适用于五品以上的官员。五品以上称为"贵",五品、六品称为"通贵"(准贵),这些官员统称为"贵族"。本来在农村拥有据点(原籍地、出身地)与生产有关的古代氏族,逐渐失去了在地性和豪族性,摇身一变成为律令官员。这是"从豪族到贵族"的转变。

需要注意的是,在这一过程中,俸禄被称为"代耕之禄"(代替耕种土地而给予的俸禄),因此产生了一种意识,认为在农村拥有土地并参与生产是卑贱的行为。可以说这是典型的贵族意识。认为农村、地方、乡下是卑贱的——以否定农村和认为城市优越为特征的意识——如果称其为"城乡意识",那么贵族特有的城乡意识,正是变成百官之府的"京城"的产物。

平城贵族与平安贵族

上文主要讲了"京城"的历史,即飞鸟京—藤原京—平城京—

---

① 二官八省:指日本古代律令制的官厅组织。二官指太政官、神祇官,八省指中务省、式部省、治部省、民部省、兵部省、刑部省、大藏省、宫内省。

路北上的过程（期间也会临时迁往近江京、恭仁京等其他地方），在这一过程中，京城变成了"百官之府"，随之是古代氏族的都市贵族化发展。从这个意义上讲，可以说在8世纪的平城京第一次形成了具有上述实体的律令贵族。

虽然同样是贵族，奈良时代与平安时代的贵族却给人完全不同的印象。例如，在政治斗争中，前者力量与力量间的激烈冲突以及相互残杀的场面屡见不鲜，而后者几乎看不到这样的场面。取而代之的是冤魂、鬼怪附在对方身上作祟的印象。这样说来，平安时代在810年（弘仁元年）以后，死刑也不再被执行。

这种变化的根本原因，我认为是长冈京、平安京没有建在大和[①]而是建在山背国。山背是指现在京都府的南部、中部地区，是位于大和国背后（北面）的意思。

784年迁都长冈京，10年后放弃长冈京，794年迁都平安京，为何这么短的时间内进行两次迁都，这里不再赘述。

江户时代的文学家上田秋成（1734—1809年）在作品《春雨物语》中说，长冈造都期间，奈良的贵族们都留在平城京，没有迁到长冈京。虽然不知道作者是以什么为依据，但很有可能是事实。因为在即将正式建造都城时，核心人物藤原种继被暗杀，造都事业陷入瘫痪与混乱。长冈京时期不知上文提到的"宅地班给"制度进行到何种程度。10年之后长冈京被废弃，在东北面的葛野郡盆地开始建造新的都城，这就是平安京。桓武天皇对这次迁都——造都

---

① 大和：是日本根据律令制设置的地方行政区划之一。位于现在的奈良县。

非常热心，很早就实行了"宅地班给"。在长冈京时期未果的移住新都事业至此终于实现了。

其结果是在大和国内拥有别院，仍然保持在地性的平城贵族，由于迁往山背之地，几乎完全变成了都市贵族，形成了以代耕之禄为生活基础的更加纯粹的贵族——平安贵族。

否定长久延续的大和宫都历史而迁都到山背之地，可以说"迁都"本来的意义在长冈京（迁都）时就已经被赋予了，平安京（迁都）只不过是稍加变化而已，但相反迁都取得实质性的成效则是在平安京。从这一意义上说，两次迁都合起来才完成了山背迁都。

平安贵族形成了。

平安王朝开始于嵯峨朝（嵯峨天皇治世时期），关于这一点在后文（第5章）再作论述。我们所说的贵族及其文化之所以在平安京发展起来，是因为在漫长的"京城"发展过程中形成的贵族在此时的"京城"中无论好坏都已经完全与农村、乡下诀别了。

第 4 章 · 知识与有识

法隆寺金堂释迦三尊像光背铭

在叙述 623 年造像经过的光背铭中有如下文字,"乘斯微福,信道知识,现在安稳,出生入死,随奉三主绍隆三宝,遂共彼岸",文中第 11 列可见"知识"一词。[奈良法隆寺藏]

古代的"外籍教师"

根据《日本书纪》记载,钦明天皇十四年(553年)六月,奉敕命被派往百济的内臣(写着"阙名")除了本职工作之外,还受命完成以下任务。记载采用了《日本书纪》特有的日本本位记录方式,现根据实际情况意译如下。

(1)医博士、易博士、历博士等,需要"依次"即交替就职。现在这批人正好到了交替时期。使臣归国时,请求与下一交替人员同行,并请求一并送来卜书、历书、各种药物等物品。[1]

---

[1] 原文:医博士、易博士、历博士等,宜依番上下。今上件色人正当相代年月,宜付还使相代。又卜书、历书、种种药物,可付送。

从上文可知，来自百济的医博士等专家，定期被招聘到日本。这一年正值交替期，刚好因为别的任务（军事）被派到百济的某位内臣，受命聘请下一批人员来到日本。百济应日本之请于翌年即钦明天皇十五年（554年）二月，决定让以下人员前来交替。

> （2）派遣五经博士王柳贵代替固德马丁安，僧昙惠等九人代替道深等七人。另外派遣易博士施德王道良，历博士固德王保孙，医博士奈率王有陵陀，采药师施德潘量丰、固德丁有陀，乐人施德三斤、季德己麻次、季德进奴、对德进陀。①

（2）比（1）的记载更为详细，可知根据日本的请求，各个领域的杰出人才定期以交替制的形式被派往日本。

聪明的读者可能已经发现，这不就是幕末②、明治时期被招聘到日本的众多外国人员——"御雇外籍教师"的古代版吗？正是如此。明治时期的日本以近代化为最高指令，为了在短时期内实现近代化，直接招聘各界专家，试图引进西方的学问与技术。著名的有保尔索那德（法学家、法国）、贝鲁兹（医学家、德国）、克拉克（农学家、

---

① 原文：五经博士王柳贵代固德马丁安，僧昙惠等九人代僧道深等七人。别奉敕贡易博士施德王道良、历博士固德王保抈、医博士奈率王有陵陀、采药师施德潘量丰、固德丁有陀、乐人施德三斤、季德己麻次、季德进奴、对德进陀。

② 幕末：即幕府末期，是指日本历史中江户幕府执政的时代（江户时代）末期。主要是指从黑船来航（1853年）到戊辰战争（1868年）的时代。

美国)、弗那罗撒(哲学家、美国)、基奥索内(美术家、意大利)、拉夫卡迪奥·赫恩(英语、英国文学家、入日本籍,日本名小泉八云)等。据说在明治五年(1872年)仅招聘的政府相关人员就达到214人,这些专家在日本的文明开化中发挥了巨大作用。

与此相比,古代的招募乍看似乎微不足道,但考虑到当时接纳机构的规模与水平,想来其效果绝不亚于明治时期。虽然不清楚古代的"外籍教师"制度始于何时,持续到何时,但是日本的学问、技术等水平的提高,受到百济(也有个别来自高句丽、新罗)"外籍教师"的恩惠是不可估量的。

在这样的国际交往中,酝酿了有识之士——知识分子诞生的土壤。

佛教传来与僧侣

"外籍教师"中值得注意的是,上述(1)中没有,(2)中出现的僧侣及其作用。从(2)的记载中可以确定的是,钦明天皇十五年(554年)二月以前,已经有7位僧人被派到日本。根据《日本书纪》的记载,之所以坚持要求派遣僧人是因为两年前开始了佛教公传。

据说钦明天皇十三年(552年)十月,百济的圣明王派遣使者来到日本,献上"释迦佛金铜像一躯、幡盖若干、经论若干卷",另呈书信赞颂佛的功德,表达希望将佛传入东方的想法。对此,钦明天皇难以立刻决定是否接受,于是召集群臣商议说:"西蕃献佛,相貌端严，全未曾有，可礼以不。"由此可知，当时传入日本的是佛像、经典、庄严具①等物品，天皇被佛像金光闪闪的美丽造型所吸引。

因此，很多人认为日本对佛教的接受并非始于对佛经的理解，而是被佛像的造型美所吸引，仅停留在表面的理解上。关于这一点，我在第1章中也有提到，但是仅凭这点就下结论是否忽略了什么呢？

关于佛教传入日本的时期，有上述《日本书纪》中的说法（552年），也有《上宫圣德法王帝说》《元兴寺缘起》中538年的说法，最近后者比较有说服力。我想关注的是《上宫圣德法王帝说》中作为进献品目，列举了"佛像、经教并僧等"，其中包括僧人的这一事实。也许佛像等物品就是由这些僧人带来的。想来这也是理所当然，如果没有讲说佛经的僧侣，佛像只不过是单纯的物品，佛经在这一阶段也和物品没有区别。也就是说传来的不仅有物品，一旁还应有解说佛经的僧侣。因此我想证实的是，在文化的传入与接受的过程中一定有"人"的介入。

如果是这样，也许可以说僧侣的派遣直接关系到前面提到的"外籍教师"的制度，或者说在某种情况下成为开始实施"外籍教师"制度的诱因。需要注意的是，僧侣的人数众多，这是佛教在日本得以传播的最主要原因。

---

① 庄严具：指用以装饰佛教设施的种种物品。

司马氏三代

关于佛教的传来，人们经常争论的是公传还是私传的问题，更重要的是关于佛教在日本如何传播的讨论。私传发生在与朝鲜诸国之间有人员往来的时期（6世纪），因此可以说佛教以个人信仰的形式传播的可能性非常大。

其中值得注意的是司马达等（达止）一族的足迹。日本最初的尼姑善信尼是达等的女儿，俗名岛，也曾经留学百济。

根据《扶桑略记》中引用《延历寺僧禅岑记》的记载，达等本是南梁人，壬寅年（可能是582年）来到日本，在高市郡坂田原修建草堂，安置佛像进行礼拜。于是人们将其称为"大唐神"。虽然也有说法认为他来到日本的壬寅年是522年，但由于达等及族人的相关记载都在6世纪后半期至7世纪初，因此壬寅年应该是指582年，也就是佛教公传以后的时期。达等的家族，除了儿子多须奈、女儿岛之外，在孙子止利——后来建造飞鸟大佛——出生后，三世同堂的家族都与佛教有关，渡来人的信仰可见一斑。

从石舞台往南眺望可以看见的村落便是坂田原，我走访当地时发现立有"坂田金刚寺遗迹"的石碑。据说金刚寺是在过去草堂的基础上扩建而成的，继达等之后，多须奈建造了丈六（一丈①六尺）的木像安放在那里。

从飞鸟地区传播开来的佛教，其主要舞台高市郡之所以也叫今

---

① 丈：长度单位，十尺为一丈。

来郡，是因为渡来人相继到此定居而得名。这与此地域曾是苏我氏的势力范围不无关系，苏我氏与渡来人的关系非常密切。因此，以住在今来郡的司马达等一族为首的渡来人之所以信仰佛教大概是把佛教作为缓解身处异乡不安的精神寄托。如前所述，最初犹豫不决的朝廷不久便决定接受佛教，以此为契机，佛教在诸氏族中迅速传播开来，不过渡来人之间的佛教传播与这一动向没有关系，而是源自他们的信仰。

值得注意的是，这一时期建造佛像、书写佛经以及建造寺院时，有许多人出钱出力。例如，河内野中寺的弥勒像是刻有丙寅年（666年）纪年铭的身高31.2厘米的小金铜像，台座上刻有文字可知当年橘寺（又叫柏寺）的180位"知识"建造此佛像的初衷。此外，根据附近西琳寺的起源传说，该寺的阿弥陀佛像有两种，分别是书氏（河内文氏）与土师氏的"知识"为其七世父母建造的。野中寺是船氏、西琳寺是书氏，都是渡来氏族的氏寺，这些由"知识结"进行的造像写经行为说明当时信仰也成为团结族人的纽带。

此处出现的"知识"是指人们捐款或捐款的人们，并不是所谓的知识分子。

"知识"一词的本意是指很好地认知事物，在当时是佛教专用术语。很好地认识、理解释迦牟尼的教诲、佛教的教理以及可以做到这些的人被称为"善知识"，这种"善知识"是指能够很好地教诲众生的"高僧"，另一方面，也指被高僧、善知识点化的人，还指与佛结缘并布施捐款的行为。这是由一个词语反映现实情况，并转化为多种意思（虽然相互关联）的典型事例。

大家合力捐款布施叫作"知识结"。所谓"结"是同心协力的意思，有些地方直到现在还保留着在种田、修葺屋顶时亲戚以及附近的人们协力合作的习惯。

顺便提一下，据说法隆寺金堂的释迦三尊像是由圣德太子发愿，由"知识结"建造的，此事被刻在释迦三尊像的光背铭上。后来圣武天皇建造了东大寺毗卢舍那大佛，建造契机是天平十二年（740年）二月圣武天皇临幸河内国知识寺，参拜本尊毗卢舍那佛时所发的大愿。这大概是因为圣武天皇被河内国的人们协力建造知识寺的行为所感动。这样说来，正如建造佛像的诏令所述，可以说是大佛呼吁人们以"一枝草、一把土"与佛结缘建造了"天下知识寺"，该寺在752年举行了盛大的开光仪式。

顺便说一下，飞鸟时代的佛像除了飞鸟寺大佛（2.75多米）之外，其他都是小金铜像，高度最多0.20~0.30米，最大也不过0.40米。例外的是由多须奈建造的坂田寺的丈六佛（可能有1.50~1.60米），不过这是座木像。后来东大寺的大佛，一举达到了约15米的高度。

并不是说佛像越大信仰就越深，但这却成为佛教发挥更广泛的社会功能的标志。而且，我想关注的是其中"知识"发挥的作用。

中臣氏与藤原氏

回到上文的话题，佛教传入日本朝廷时，因为天皇已经有了传统的神祇信仰，所以对接受佛教有所顾虑，也比较注重豪族们的反应。众所周知，当时积极表示要接受佛教的是苏我氏，与此相对结成反对派的是物部氏（尾舆）与中臣氏（镰子）。物部氏是负责军事的氏族，中臣氏是与神祇有关的氏族，因此都具有拒绝异国信仰的特质。结果物部氏被苏我氏讨伐，"排佛派"败退。在这种情况下，天皇也以此为契机倾向于接受佛教，中央朝廷自不必说，佛教信仰在地方豪族之间也传播开来。人们的兴趣从之前的建造古坟转向了兴建伽蓝堂塔，这也是7世纪的一大特征。根据有关早期豪族私寺的调查报告，据说寺院的分布与古坟的所在地是相对应的，也证实了这一点。此外，从飞鸟寺塔的心础①中发现了与古坟随葬品同类的物品，这也显示了从古坟到寺院过渡期的状况。

那是否还有其他疑问呢？物部氏虽然灭亡了，但同为"排佛派"的中臣氏后来又怎样了呢？

中臣氏并不是像物部氏那样强有力的氏族，史料记载上也没有像物部氏那样与苏我氏斗争的痕迹。也许中臣氏并没有积极配合物部氏。不仅如此，物部氏灭亡后加速了中臣氏倒向"崇佛派"，或者说向接受佛教的方向转变。

提到中臣氏，可能让人立刻想到的人物就是中臣镰足，他因帮助中大兄皇子（天智天皇）打倒苏我氏（本家）而出名。据说中臣镰足总是对神祇厌而远之，不仅让儿子定惠出家为僧，而且还让其去百济留学。定惠被赞誉为秀才，其才能受人妒忌，回国后便遭到毒杀。这一时期，中臣氏一族积极建造寺院。特别是为天武天皇的

---

① 心础：承托佛塔心柱的柱础。

皇子草壁建造的粟原寺（奈良县樱井市）非常有名。这样看来，几乎可以说中臣氏发挥了曾经苏我氏的作用，成为佛教的外护者[①]。

文武天皇二年（698年）八月天皇采取的对中臣氏成为佛教的外护者起了决定性的作用——此后，中臣氏一族中的意美麻吕成为中臣氏，不比等[②]的子孙成为藤原氏。

氏族的职能分离

在这之前，天智天皇看望病危卧床的中臣镰足，赞誉其多年的贡献，赐姓"藤原"。这本来是授予镰足个人的荣誉，但从之后的文献资料记载来看，中臣氏一族都适时地使用藤原（葛原）姓。似乎有使用的原则或者约定，使用中臣姓的时候，一定是与神祇有关的职务，与此相对，使用藤原姓时，则是从事一般的行政事务。很明显，两个姓氏是被区分使用的。基于这一事实，再来看文武天皇二年（698年）的氏族二分政策（分为中臣氏与藤原氏），就可以发现其意义所在。

这里先说一下结论，这一措施明确了氏姓制度时代以来，中臣氏作为氏族事业从事的神祇，由一族中意美麻吕以后的中臣氏继承，

[①] 外护者：乃僧侣以外之在家人，如族亲、檀越等，为佛教所从事之种种善行，如供给僧尼衣食以助其安稳修行，或尽力援护佛法之弘通等。亦即从外部以权力、财富、知识或劳力等护持佛教，并扫除种种障碍以利传道。从事以上诸行者，亦称为外护，或外护者、外护善知识。

[②] 不比等：藤原不比等（659—720年），是从飞鸟时代到奈良时代初期的公卿。

而藤原氏则从祖业中分离出来专门涉足政治，也就是说这一措施宣告了氏族的职能分离。从此，藤原氏从中臣氏背负的氏族制的束缚中解脱出来。能像这样实现完美变身的估计也就是平安初期放弃土师氏的职业而改名的菅原氏了吧，菅原氏以此为契机从陶器手工制作之家变身为学问之家。

关于不比等需要讲的还有很多，以不比等为核心不久便制定了国家基本法《大宝律令》（701年），并基于此建立了作为以太政官与神祇官为两大顶点的官司——官僚体制，即二官、八省、一台、五畿府等日本人所熟悉的国家机构。但是从机构内部来看，位于太政官核心的是藤原氏，占据神祇官的是中臣氏。这不过是不比等将一族分裂为中臣与藤原，通过这一手段使在古代制度（氏姓制度）下发挥作用的中臣氏的氏族职能完美地与新外壳——律令体制相对应罢了。

这样一来，藤原（中臣）氏一方面不仅回避了作为"排佛派"的危机，还摇身一变成为佛教的庇护者；另一方面继承了古代氏族传统的同时，从中解放出来一跃成为建设新体制的核心。藤原氏能够在之后的一千年里主宰政治世界，起点就是7世纪末期的氏族职能分离政策。

这样看来，藤原氏才是不仅可以使神与佛相结合、集神佛习合为一体，而且还在政治世界中统治众人的氏族。这也是藤原氏后来能够长期领导政界的原因。

第 5 章 · 遣唐使废止前后

遣唐船

因四艘一起启航也被称为"四只船",由于构造上的缺陷,几乎没有过令人满意的航行。[选自京都东寺藏《弘法大师行状绘词》]

汉字与假名

藤原道长的《御堂关白记》作为现存最早的亲笔日记而出名。该日记用汉文体①写成，偶有笔误。例如，宽弘四年（1007年）三月三日，藤原道长将上达部②、殿上人③等招致土御门邸举行曲水之宴，人们就座后，新中纳言、式部大辅两人出了诗题。道长记录如下：

　　新中纳言（藤原忠辅）、式部大辅（同辅正）两人出〇题诗ㄑ……

---

① 汉文体：原是指按日文语序并添加送假名以读解汉文的文体。这里是指全部用汉字连缀而成的中国式文章。
② 上达部：日本古代指三位以上的人，以及四位的参议。
③ 殿上人：被准许上清凉殿内殿上间的人，四位、五位中的特许人员及六位中的藏人。

正确的语序应该是：

新中纳言、式部大辅两人出ス 诗ノ题ヲ 。

意识到记录有误的道长标注了返点①、送假名②，即在诗的旁边注上"レ"（返点），表示这个字的顺序是颠倒的，同时画上"〇"，表明是"加在此处"的。这种现象在日记中随处可见，道长粗枝大叶的性格可见一斑。但是这种现象并不仅限于道长，这是日本人不善于使用汉文③的一个实例。

又如，宽弘九年（1012年）正月十六日条载，当天巳时（上午十点左右），比睿山延历寺的僧人来说："今天早上，右马头（藤原道长之子，显信）出家了，现在他在无动寺，这是怎么回事啊？"④于是，道长记录说：

命云、有 本意所为こそあらめ、今无 云益 、早返上、可レ然事等おきて、可 置给 者也。

——道长嘱咐说："也许这是他抱有信念而为之，现在多说也无

---

① 返点：指读音顺序符号。用日语读汉文时，表示读音、顺序的符号。
② 送假名：训读汉文时在汉字后右上方标写的较小的片假名。
③ 汉文：指全部用汉字连缀而成的中国式文章。
④ 原文：此晓出家，来 给无动寺 坐，为之如何者？

济于事，希望你多加关照……"

从上述引文忽而汉字中夹杂着假名可以看出，道长听到僧人的禀报后惊慌失措的样子。由于使用汉字表达太过费时，因此道长便用假名书写。这种事例为数不少。

右马头是明子所生的孩子，因为与正房伦子的孩子们——彰子、赖通等受到不同的待遇，早就心怀不满，最后没有与父亲道长商量便出家为僧。道长三个月后登上比睿山，见到右马头想说服他还俗，但是没有成功。

对日本文化而言最大的贡献便是假名的发明，这样说并不为过。虽然无法得知假名发明的具体时间，但确实是9世纪的事情。通过单独使用假名或者与汉字并用，日本人的思想以及情感表达变得更加容易，而且细致入微。

假名是借助汉字的草体（平假名、草假名）或者汉字的一部分（片假名）创造出来的，这无需赘述。我想说的是日本在接受异文化的过程中创造出本国独特文化的典型事例便是假名文字的发明。

对共识的质疑

在理解日本文化方面，具有重要意义的有9世纪末期菅原道真提议废止遣唐使一事，即我们用"道真让遣唐使回归白纸（894年）[①]"来记忆年号的事件，一般认为其结果是日本与中国的关系变得

---

① 日语中894三个数字发音的第一个假名合起来与"白纸"的发音谐音。

淡薄，受到中国文化的影响减少，孕育出了"日本式"的国风文化。我们身边的任何一本教科书都是这样写的，也可以说这是一般共识。但事实果真如此吗？

疑问一，遣唐使废止10年以后，唐朝灭亡，日本与中国的关系确实没有往日的紧密了，但这只是一时现象，不久宋朝建立以后，两国之间的交流又开始频繁起来。学者中也有人认为10世纪以后的日本处于锁国状态，但这是不可能的。正如后文提到的那样，从遣唐使废止政策出台的半个世纪前开始，唐朝商船就经常往来，而到了宋朝，商船的往来更加频繁。所谓处于锁国状态只不过是由于认识不足产生的误解。因此，认为与中国关系变得淡薄而孕育出了日本的文化这种解释也就失去了依据。

疑问二，是关于文化理解方面。如果说因为与中国关系变得淡薄而孕育出了日本的文化，那么也就失去了与异文化接触、交流以及接受异文化的意义。这虽然是显而易见的道理，却不是历史性的理解。在国风文化发展的过程中，假名发挥的作用是巨大的，但是从汉字创造出假名的智慧又是从哪里来的呢？在本章开端所提到的道长日记，也是出于这一原因。

但要摆脱一般共识，就有必要先弄清楚产生误解的根源，即遣唐使废止前后的情况。相关的叙述虽然比较繁琐，却非常重要。

在唐留学僧中瓘的书信

可以说一切都始于宽平五年（893年）三月朝廷收到的在唐留学

僧中瓘的书信。中瓘之前（881年）也曾向朝廷禀报了入唐的真如法亲王（高丘亲王）在去天竺（印度）的途中客死在罗越国（新加坡）的消息。比起他的学问，中瓘更多是作为传达中国信息的僧人而名留史册的。这封书信似乎是中瓘去了江南以后，按照温州刺史朱褒的意愿送到朝廷来的。于是朝廷赠给中瓘沙金作为谢礼。

从下面两份文书可以知道接到中瓘的书信后日本（朝廷）的反应。一份落款宽平六年（894年）七月二十二日的给在唐留学僧中瓘的太政官牒，另一份落款同年九月一日的请求诸公卿议定遣唐使进止（是派遣还是废止）的道真奏折。实际上这两份文书都是道真写的。从这两份文书中，可以知道以下内容：

第一，接到中瓘的书信后，朝廷经过朝议决定派出遣唐船，并通过太政官牒告知中瓘事由。不过朝廷也预留了退路，借口是由于准备需要时间，可能将来才能实现此事。

中瓘的书信上似乎详细介绍了大唐的疲敝，另外，也应该写了"江南由朱褒统治，眼下处于小康状态，遣唐船的派遣并非不可能，朱褒也正有此意"。于是，朝廷对事态持乐观态度，决定按照朱褒的意愿派出遣唐船。由于遣唐船的驶入港口主要是宁波等江南海岸，可见，朝廷认为只要朱褒掌握这一地域的制海权，派遣就是安全的。

第二，道真并不认同这种判断，之后借着被任命为遣唐大使的机会，提议再次商议派遣问题，这就是"道真奏折"。

根据这个奏折来看，道真提议的目的是"即使到江南的航行是安全的，但踏入唐朝的领地后，可能会出现牺牲者"。不用说，道真之所以传阅中瓘的书信，希望与公卿们商议是否派出遣唐船，本意是要废止遣唐使的派遣。一个月之后朝廷正式决定废止遣唐使的派遣。

至此，围绕遣唐船派遣的事情告一段落。

需要补充的是，道真引导公卿们决定废止遣唐使的现实动机，其一，是当时在北九州方面，新罗匪徒的活动非常猖獗，朝廷处于根本无法派遣的状态；其二，是9世纪后半期唐商船频繁往来这一事实。特别是后者，下文即将论述，这使日本失去了专门派遣船只的理由与必要性。因此讨论遣唐使派遣必要性的时代已经过去。

经过略加繁琐的反复考证，从上述内容能得出怎样的结论呢？也就是说宽平六年（894年）围绕遣唐使派遣决定与废止的一系列活动，都是由在唐留学僧中瓘送来的一封书信所引起的。这是一场虚假的骚动，事态没有任何变化。事情只在当事人之间解决，并不具有社会性。

顺便提一下，中瓘于延喜九年（909年）二月又获赠沙金百两，这大概也是朝廷对其提供信息的谢礼。但是，从此以后，中瓘的名字便在史料记载中消失了。

唐风与国风

从上文中道真废止（取消）遣唐使的行为来看，对所谓国风文化的理解也需要有个不同的观点。

其中需要注意的是遣唐使废止以前，即9世纪的对外关系。下面是9世纪唐商船来航的一览表，可以看出，事实上，从最后一次

唐商船的来航

承和元年	834	允许大宰府唐人张继明入京
五年	838	遣唐船派遣（最后一次）
九年	842	僧惠萼，搭乘唐人李邻德之船回国。僧惠遵，搭乘唐人李处人在肥前值嘉岛所造之船入唐
十年	843	僧圆载的弟子搭乘新罗人张公靖之船返回长门国
十三年	846	圆仁的弟子搭乘李邻德之船回国
十四年	847	唐人船来航
嘉祥二年	849	唐商53人，乘船来到大宰府
仁寿二年	852	唐商钦良晖（与新罗人一起）来航
三年	853	圆珍及弟子6人，搭乘钦良晖之船入唐
贞观四年	862	唐商43人，乘船来到大宰府。这一年，真如法亲王，搭乘唐人张支信之船入唐
七年	865	唐商63人，乘船来到大宰府
八年	866	唐商41人，乘船来到大宰府
十六年	874	唐商36人，乘船来到肥前国
十八年	876	唐商31人，乘船来到筑前国
元庆元年	877	唐商63人，乘船来到筑前国
宽平五年	893	在唐僧中瓘托唐商王讷送来书信
六年	894	停止遣唐使船的派遣

遣唐使派遣（838年）前后开始，唐商船的来航逐年频繁。在唐留学僧中瓘的书信也是委托唐商船带来的，中瓘本人可能也是不知何时搭乘这些唐商船中的某一艘入唐的，真如法亲王也是搭乘唐商船入唐的。

另一方面，前往北九州的唐商船与大宰府的官员以及富豪等进行贸易，不久政府也干预此事，在接到唐商船来航的消息后，立刻派遣唐物交易使，行使先买权（优先购买的权利）。

用"唐物"这一熟语①称呼唐商船带来的珍贵的唐朝物品，实际上也是从遣唐船变为唐商船时期的事情。可以说，传入日本的事物从遣唐留学生、留学僧在唐期间学习的学问与思想变为唐商船带来的珍奇昂贵的物品。"对物的执着"可以说是日本人的特征，就这样以唐物数奇（执着）的形式开始了。这种唐物数奇后来愈演愈烈，一直持续到中世，不仅是美术工艺，还广泛涉及生活文化的方方面面，甚至成为赋予日本文化特色的东西，这一点在后文中也将述及。

从唐船能够联想到辉夜姬的故事——《竹取物语》。《源氏物语》（合绘）中将其视为"物语的鼻祖"。《竹取物语》被奉为物语文学的鼻祖，可能是因为将之前的几个传说组合成了一个浪漫故事。我之所以对这个故事感兴趣，也是因为它反映了 9 世纪后半期的对外关系。

这里无需再赘述故事的梗概，为了拒绝公子王孙的求婚，辉夜姬所出的难题中有要求"阿倍野右大臣"找到"火鼠的裘皮"。于是，右大臣给"那年来航的唐船中一个叫作王卿的人"寄信，交给其钱财委托购买火鼠的裘皮。不久，"那艘唐船来到日本"，带来了右大臣所求之物……当然是赝品，姑且不说这个结果，我认为之所以会有这个故事，毫无疑问是因为有上文一览表中所述的时代背景。

---

① 熟语：指日语中以两个以上汉字结合的形式表示的汉语词。

从梅花到樱花

在考察日本文化时之所以要重视 9 世纪,另一个原因是国风文化的萌芽并非以遣唐使废止为契机,而是在此之前就已经明确表现出来了。

具有象征性的事情是紫宸殿前的梅花树被改种成樱花树。平安宫皇宫中的宏大建筑紫宸殿的南庭中种着梅花树与橘树。梅花树是奈良时代从中国移栽来的树木,对天平[①]时代的人来说是中国文化的象征。从《万叶集》卷五所收的 32 首和歌可知,大伴旅人赴任大宰府时,天平二年(730 年)正月曾与九州各地的国司、郡司等以梅花为主题吟咏和歌,这是带入到和歌世界的唐风华彩。这株梅花树枯萎后被趁机改种成了樱花树,可以看出这一时期日本人审美意识的变化,因为樱花树是日本土生土长的树木。这是接近 9 世纪中叶的事情。顺便提一下,众所周知,吉野成为樱花的著名景点是 9 世纪后半期,不久便与龙田川的红叶一起成为最著名的歌枕。

我们注意到,与这种审美意识的变化相呼应的是人们在对待和歌方面也发生了变化。

万叶时期,当天皇举行宴会或者巡幸的时候,朝臣们一定会吟咏和歌。这就是和歌被称为侍宴从驾应诏之歌的原因。但是,到了奈良时代末期,也就是以对唐一边倒而著称的藤原仲麻吕的时期,

---

① 天平:是日本奈良时代的年号。天平元年(729 年)八月五日至天平二十一年(749 年)四月十四日。

天平宝字二年（758年）正月三日，在皇宫举行的宴席上，"宣诸王卿等随堪任意作歌并赋诗，仍应诏旨各陈心绪作歌赋诗"（《万叶集》卷二十·四四九三的词序），在和歌的宴会上出现了汉诗。后来汉诗所占的比重逐渐增加，到平安初期嵯峨天皇时，正式场合吟咏的诗歌全都是汉诗。这就是这一时期被称为"国风黑暗时代"的原因。继嵯峨天皇敕命编撰《凌云集》《文华秀丽集》之后，淳和天皇（实际上是嵯峨上皇）时代又编撰了《经国集》等汉诗集，也都体现了汉诗所占的分量。

据说嘉祥四年（851年）三月十日藤原良房在东都府邸（染殿）举行先帝（仁明天皇）的追悼法会时，念及仁明天皇生前怜爱府邸中的樱花树，公卿大臣们"或赋诗述怀，或和歌叹（天皇之）逝"（《文德实录》）。与万叶末期人们吟咏汉诗的情形相反，此处出现了人们吟咏和歌的情形。不言而喻，再次出现的和歌在技法上受到了汉诗的影响，这种潮流历经六歌仙时代，一直延续到《古今集》。这样看来，实际从9世纪中期——道真之前的"黑暗"时代开始早已出现了国风的萌芽。

因此认为894年遣唐使的废止是日本式的文化——国风文化形成的契机，这完全是一种空论。

第 6 章 · 私日记的出现

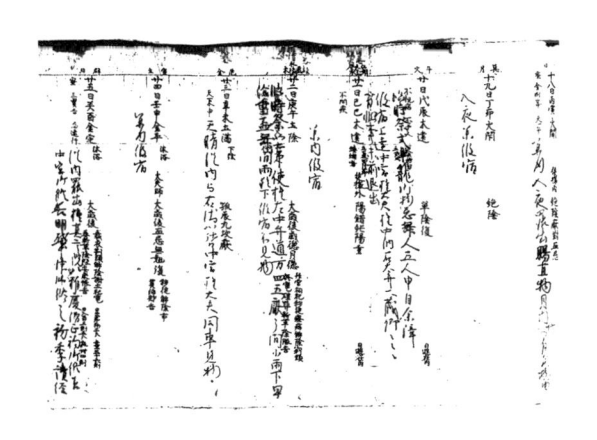

《御堂关白记》

这曾是现存最早的亲笔历日记[1],能保存至今得益于摄关家的妥善保管。照片是藤原道长位于权势之位、精力充沛的从政时期——宽弘二年(1005 年)三月十八日至二十五日的那一条,记录了道长连日"参内","入夜退出"以及"候宿"(在皇宫过夜)的情形。[京都阳明文库藏]

---

[1] 历日记:指宫廷贵族记录在日历日期的空白处的日记。

具注历[①]与历日记

大家对日记的一般印象大概是将对暗自仰慕之人的苦闷相思、对进展不顺的朋友关系的深切烦恼都细细记录下来且不想让亲人或他人窥视的私密世界。表露心声的日记明显属于非常"私密""个人"的层面，从中甚至能了解作者本人的人生观、世界观等，从这个意义上也可以说在理解人物方面，没有比日记更为珍贵的资料了。特别是在日本，这种日记——"私日记"在平安中期出现，从世界史范围来看也是非常早的，也许通过考察日记背景与内容的特征，可以找到理解日本人以及日本文化的钥匙。下面是初期日记的一览表。

---

① 具注历：是流行于日本奈良、平安时代的一种历书。在日历的下方注明季节、凶日吉日和祸福等。

初期日记一览表

日记名	日记主人	现存起止纪年
宇多天皇日记	宇多 天皇	仁和三（887） 宽平二（890）
醍醐天皇日记	醍醐 天皇	宽平九（897） 延长八（930）
贞信公记	藤原 忠平	延喜七（907） 天历二（948）
李部王记	重明 亲王	延长八（930） 天历六（952）
九 历	藤原 师辅	天历一（947） 天德四（960）
村上天皇日记	村上 天皇	天历三（949） 康保四（967）
亲信卿记	平 亲信	天禄三（972） 天延二（974）
小右记	藤原 实资	天元 （978） 长元五（1032）
权 记	藤原 行成	正历二（991） 宽弘八（1011）
御堂关白记	藤原 道长	长德四（998） 治安一（1021）
一条天皇日记	一条 天皇	宽弘七（1010）
左经记	源 经赖	长和五（1016） 长元八（1035）
范国记	平 范国	长九（1036）
后朱雀天皇日记	后朱雀天皇	长元九（1036） 宽德一（1044）
春 记	藤原 资房	长历二（1038） 天喜二（1054）
土右记抄	源 师房	宽德一（1044） 永承一（1046）
定家朝臣记	平 定家	天喜一（1053） 康平五（1062）
水左记	源 俊房	康平五（1062） 嘉承三（1108）
帅 记	源 经信	治历四（1068） 宽治二（1088）
后三条天皇日记	后三条天皇	治历四（1068） 延久四（1072）
为房卿记	藤原 为房	永保一（1081） 长治一（1104）
后二条师通记	藤原 师通	永保三（1083） 康和一（1099）
中右记	藤原 宗忠	宽治一（1087） 保延四（1138）
长秋记	源 师时	宽治一（1087） 保延二（1136）
殿 历	藤原 忠实	承德一（1098） 元永一（1118）
永昌记	藤原 为隆	长治二（1105） 大治四（1129）
赞岐典侍日记	藤原 长子	嘉承二（1107） 天仁一（1108）
法性寺关白记	藤原 忠通	元永二（1119） 天治二（1125）
平知信朝臣记	平 知信	大治二（1127） 保延一（1135）

续表

时信记	平　　时信	大治五（1130）	天承一（1131）
兵范记	平　　信范	长承一（1132）	承安一（1171）
台　记	藤原　赖长	保延二（1136）	久寿二（1155）
山槐记	中山　忠亲	仁平一（1151）	建久五（1194）
显广王记	白川显广王	应保一（1161）	治承二（1178）
玉　叶	九条　兼实	长宽二（1164）	正治二（1200）
愚昧记	三条　实房	仁安二（1167）	文治五（1189）
吉　记	吉田　经房	承安三（1173）	文治四（1188）

从上面表格的内容可知：

（1）日记出现于9世纪末至10世纪初。（2）日记的作者是天皇、亲王、公卿等社会上层的人们。还有一点虽然从这个表格中不能明确反映出来，却是与（2）直接相关的，即（3）这些日记当初都是记录在具注历上的历日记。

具注历是指在日期下面写有基于阴阳道的吉凶、祸福的日历，平安时期每半年做成卷轴由阴阳寮发放——这称为颁历——颁历的对象除了官厅之外，还有（2）中提到的人们。这就是为什么日记由这些人开始记录的主要原因。现存的具注历有正仓院御物中流传下来的奈良时期的断简（《天平十八年具注历》），在日期上随处可见"官多心经写始""大宫参向盐赐已讫"等简短的注释，可能是将当天发生的事情以笔记的形式记录下来。也许正是从这些经验中获得启发，平安时代以后开始制作留有可以写注释余白的具注历。历日记是指书写在具注历余白上的日记，上文一览表中的《九历》是指九条殿藤原师辅写的历日记。

因为余白空间有限，所以从历日记中能看到的每日记录并不多。但是，当要记录的内容较多时，也有使用次日余白，或者写在当天条目的背后。此外，仪式等的详细记录称为"别记"，从一开始就是写在其他纸上的。后文也将提到，这可以说是部类记[①]的原形。再补充一点，就是历日记都是用汉字书写的。

始于天皇日记

具有上述特征的日记最早始于天皇、亲王、公卿，最早的日记是名为《宇多天皇日记》的天皇日记，这是非常具有日本特征的现象。

宇多天皇（887—897年在位）的父亲光孝天皇出于对藤原基经的顾虑，将所有的亲王都降为臣籍，赐姓源氏，主动放弃自己子嗣的皇位继承权。但是，其中一位皇子即被降为臣籍的源定省，在藤原基经的帮助下重新成为亲王，并最终即位，这就是宇多天皇。宇多天皇在完成即位仪式后，立刻派使者到藤原基经处表示感谢。但是，之后宇多天皇在给藤原基经的诏书中使用了"阿衡之任"（"阿衡"是指辅政宰相的意思）一词，表达希望藤原基经能够继续辅佐自己的愿望，这成为后来纷争的开始。藤原基经身边的有识之士们认为这一任命有名无实而强烈反对，宇多天皇后来受到长期的政治

---

① 部类记：指分门别类的记录。

性怠工。这就是所谓的"阿衡事件",宇多天皇因此身心疲惫。他也正是在这一时期写下了"浊世之事如斯,应长叹也"。我们之所以能够了解这些经过与史实,都是因为天皇本人记录的日记被保存了下来。

在中国,皇帝(天子)的起居——一举手一投足,由专门的起居注官记录在案(称为起居注),皇帝去世后,以此为基础编辑成《XX皇帝实录》(日本《六国史》中的《文德实录》《三代实录》也沿袭这一称呼)。因此,不可能有皇帝本人记录自己言行的事情。可以说这是因为中国与日本的王权规模不同。

《宇多天皇日记》中,除了上文例举的内容之外,还有很多强烈的感情表白。进入10世纪,相继出现了醍醐、村上两位天皇的日记,称为《二代御记》,藏于清凉殿的橱柜中,作为后代天皇的教训。宇多天皇的日记之所以没有收入其中,大概是因为其内容与表述被认为不适合帝王教育。

"年中行事① 屏风"

然而,正如前文(1)所述,这种私日记为什么会在9世纪末至10世纪初出现呢?由于私日记是以继《六国史》最后的《三代实录》的形式出现的,因此也有种说法认为"日记"继承了"国史"的作用,但这种观点并不正确。倒不如说,如同朝廷丧失了作为国家事业编纂国史的欲望一样,政治的矮小化,具体来说即政治成为以宫廷为

---

① 年中行事:指一年中的传统节日或活动。

中心的政治，是国史终结以及私人日记出现的共同土壤。其象征性的表现是仁和元年（885年）五月藤原基经给光孝天皇进献的"年中行事屏风"。

这个屏风放在清凉殿东厢房的南侧，在殿上①的出口处，正反两面写有从元旦到除夕一年中的例行仪式与活动，这说明9世纪宫廷政治的框架已经基本形成。这些仪式的内容经整理可以分为以下三类，从中可以看出宫廷庆典的谱系。

（1）本来与政治有关的活动——群臣朝贺等仪式以及除目②、叙位③等。

（2）与神事法会有关的活动——诸如御斋会等佛教仪式，园韩神祭等宫中祭神活动，春日祭、贺茂祭等诸社献物神事。

（3）与民俗仪式有关的活动——进献春水、御杖、七种粥、菖蒲花等，这些活动很多都是基于中国传统习俗，也与日本民间习俗有密切关系。其中心活动是五节会。

宫廷文化就是经过这些国家内外、城乡、贵贱文化的集中与精练而形成的。但是这自然而然提高了（2）（3）列举的娱乐性因素较强的仪式在政治中所占的比重。

因此，非常需要行动指南类的东西，以便在各种仪式中恰当地应对各种问题，保证可以成功地举行活动。

---

① 殿上：指皇宫中清凉殿南厢供殿上人等候的房间。"殿上人"指获准可进入清凉殿的人。
② 除目：平安时代以后任命大臣以外官职的仪式，按定例每年春秋两次。
③ 叙位：日本正月五日或六日宫中举行的每年定例仪式之一。授予五品以上勋位的仪式。

贵族与日记

留下了名为《九历》日记的右大臣藤原师辅在给子孙的训诫《九条殿御遗诫》中，关于日记这样说道：

> 次记昨日事（事多日，日中可记之）
> 次见历书（具注历）可知日之吉凶。年中行事略注付件历，每日视之，次先知其事兼以用意。又昨日公事若私不得心（不能认同）事等，为备忘忘，又聊可注付件历。但其中要枢公事，及君父所在事等，别以记之可备后鉴。

师辅规定日记要翌日（其他地方写的是翌日清晨）记录；每日清晨查看"具注历"得知日子吉凶，准备年中例行的仪式与活动；记录前一日的公事（公务、仪式等）；其中有关重要的事情或君父（天皇与父亲）的所在等事，记录为"别记"，以便日后查看。可见，应该记录下来的事情仍然是"公事"。

师辅训诫子孙的意义，从稍后时期的中御门宗忠的日记（《中右记》）保安元年（1120年）六月十七日条的如下记载来看更加明白。

> 今日，私历记部类了。从宽治元年至此五月，卅四年间历记也。合十五帖，百六十卷也。从去去年至今日，分侍男共，且令书写且令切续，终其功也。为我家，何不备

忽忘外，仍强尽老首，部类所也。

也就是说，把 34 年来记录的日记剪下来，按照同类记事分门别类，这称为部类记。从上述引文可以看出，编写部类记对于子孙后代来说是非常重要的事情。这完全反映出宫廷政治进入了需要有职故实[①]的时代。

日记是事实的记录，通过日记集分组而成的部类记，贵族们发现了隐藏在事实背后的条理——规矩、道理。这就是有职故实（学），日记提供了必要的素材。如果浏览写于 10 世纪的有职故实书中年代最早的源高明的《西宫记》，就会感觉这只是与每个年中例行活动有关的日记记录的集合，这是最原始的故实书的样子。

这样说的话，人们可能会认为有职故实只注重枯燥无味的形式。的确，在今天看来，不能否定有这种因素，但仔细想来，总结王朝时代最重要的精华就是故实书，如果能够重新赋予其生命，应该能够充实地再现王朝世界。有职故实在中世以后也得到了武家社会的继承。从这个意义上可以说无论好坏它都是重视"型"的日本文化的母体。而且记录仪式活动的故实书，用现在的话来说，就是"王朝的身体论"。如果将其运用于历史博物馆等地的动态展示，让其活用于现代社会，这难道不是非常有趣的吗？

---

① 有职故实：指研究历代朝廷或武士礼式、典故、官职、法令、装束、武具等的学问。

"望月之歌"的真相

以上考察了"围绕历日记的诸问题",这里需要对藤原道长的《御堂关白记》再作一些补充。它不仅是现存最早的亲笔历日记,而且由于它是政界首脑的日记,所以有很多关于政治的记录,是王朝时代的一级基本文献。而且将这本日记与几乎同时代的小野宫(藤原)右大臣实资的日记《小右记》以及以书法著称的权大纳言藤原行成的日记《权记》结合起来,也可以进一步了解当时政治的详情。但在这里我想以道长位于显著顶峰时期吟咏的著名的"望月之歌"为题材,考察日记的另一面。

道长的女儿威子从后一条天皇的女侍被立为中宫是在宽仁二年(1018年)十月十六日,加上之前成为一条天皇中宫的彰子(当时的太皇太后)和三条天皇中宫的妍子(当时的皇太后),至此三个女儿都被立为中宫(皇后)。所谓"三后册立"就是指此事。皇宫中的仪式结束以后,人们前往刚刚重建的道长的宅邸土御门殿(位于土御门大路南,京极大路西)举行了盛大的宴会。

根据实资《小右记》的记载,正当宴会进行到高潮时,道长对实资交谈道:

道长:"欲读和歌,必可和者(吟咏应答之歌)。"
实资:"何不奉和乎?"
道长:"有自夸之歌,但非宿构者。"

不是"宿构"——事先创作好的，也就是说这是即兴创作的，但却有种"此地无银"的感觉，道长装腔作势吟咏的这首和歌即世间所谓的望月（满月）之歌。

此世即吾世，如月满无缺。

这首和歌的意义不言而喻。实资听后，并没有附和道长的自满，而是说：

"御歌优美也，无方酬答，满座只可诵此御歌。"

于是，"满座"唱和。道长微笑着聆听众人的唱和，并没有责难实资。

我想没有比这更能体现道长地位显贵的故事了，但意外的是这个故事在《荣花物语》和《大镜》中都没有记载。有人认为这是因为《荣花物语》对道长持批判态度，所以才没有提到这个故事，但我认为并非如此，《荣花物语》之所以没有提到这个故事另有原因。

关于这次宴会，《小右记》中的记载最为详细，在《御堂关白记》中，道长自己也记录了事情的始末。但是对于自己吟咏的和歌，却只记录说：

余于此读和歌，人人咏此。

也许道长自己也感到难为情吧！其他地方都将自己创作的和歌完整记录下来，只有此处没有记录。一般认为《荣花物语》的作者是与道长家非常亲近的赤染卫门，作（编）者应该是参照了《御堂关白记》，却没有记录如此重要的和歌。如果作（编）者读过《小右记》则另当别论，但我认为他不会同时阅读与道长处于对立关系的实资的日记。

实际上，这次宴会上陪侍的源经赖在日记《左经记》中也记录了宴会的经过，内容自然与《小右记》和《御堂关白记》相吻合——至少在吟咏"望月之歌"之前是吻合的……但之后却没有出现"望月之歌"，只说"事了上下分散"——宴会结束之后，大家各自回家。似乎经赖并不知道道长、实资他们的对话以及唱和和歌的事情。也许是因为经赖坐的位置与他们有些距离吧。所以我认为，在同一建筑内唱和"望月之歌"只限于众人喧哗的宴会一角，因此，虽然记载为"满座"，但只是在一小部分人（可能是道长以及其子赖通、教通和实资等人）之间进行的，并没有在更大的范围内展开。

因此，《荣花物语》的作者即使想描写这个宴会，由于不知道故事核心内容的和歌，也不可能将其故事化（如果是在今天，通过采访调查便可以知道）。这就是为什么《荣花物语》没有收录望月之歌的原因。另外，这个故事开始在社会上广泛传播，是由于镰仓初期的故事集《续古事谈》在收录这个故事时，将之前《小右记》中的正文（汉文体）用片假名进行了注解。

可见，日记中所见的"事实"是什么，要如何解读，并不是那么简单的事情。当把几个"事实"结合起来后，"史实"才变得明了。

上述内容难道不就是这样的例子吗？

但是与此同时"望月之歌"也告诉我们，在是（只是）由事实累积的日记当中，那些富有人情味或感人至深的记载（虽然我并不认为望月之歌符合这个条件）像这样被收录在故事集中，旨在实现某种文学化，从这一点来说望月之歌也是弥足珍贵的。

```
                    ┌─→ 有职故实（学）
事实（日记）
                    └─→ 故事文学
```

也许可以用上面的图来表示。

日记与"大和心"

这样看来，日本的日记虽然称为私日记，但并不是本章开始时写的那种纯粹的"私密""个人"的日记，更确切地说是"家族"的日记。因此，才能成为有职故实的素材，但也正像《宇多天皇日记》那样，其中并非没有出现"私密"的内容。藤原行成的《权记》虽然只是平淡地记录事实，但仍然在妻子去世时表现得非常悲伤。也许是生前的约定，藤原行成在火葬妻子之后，将其骨灰撒入白川的河水之中，进行撒灰式水葬。

与此相对，饶舌日记的代表是藤原实资的日记《小右记》。姑且不论藤原实资晚年如何，从日记中可知他从年轻时就对藤原道长充满了对抗心理和批判的言辞，可以说《小右记》保持了私日记的样貌。

在这一点上需要注意的是，私日记出现前后人们开始使用"大和心（魂）"这一日本词语。与表示中国的学问与教养的"汉才"相对，"大和心（魂）"用来指生活中的现实处理能力与政治能力。

《大镜》中记载了下面的故事，是有关藤原时平的逸闻。按照惯例，藤原时平诬陷菅原道真，使自己遭遇不幸，要被从严发落，但据说藤原时平是个很有"大和心"的人，甚至令人同情。还有，据说当时的服饰流于华美，有一次，藤原时平穿着华丽的衣服进宫参拜，受到醍醐天皇的严厉指责。贵族们见状非常吃惊，从此不再奢华。这其实是藤原时平与天皇共同表演的一出戏。

藤原时平在宇多天皇时代，与菅原道真一起负责政治改革（因此，这一时期的政治有时也称为"宽平之治"），在醍醐天皇时代，他试图以自己为核心强化律令制度的重组（称为"延喜之治"）。藤原时平制定政策并推行——姑且不论其成果如何——在这一点上，藤原时平的政治业绩是藤原道长等人所不能比的。也许藤原时平应该被重新评价吧。我认为《大镜》描写时平"大和心"的真正用意也在于此。但是，藤原时平由于道真一事，《大镜》等书中都有涉及，被藤原氏一门治罪并被推入无间地狱。应该说藤原氏通过把藤原时平当成替罪羊而获得了逃脱杀害菅原道真罪名的免罪符。

话题有些偏离主题，但我想这种"大和心"开始发扬光大的时期与私日记出现的时间是相同的，这决非偶然。因为内心世界表现为现实处理能力，也是私日记出现的必要条件。"大和心"是现实主义、现世主义的日本人所具有的日本式形象及其人生观、世界观的母体与土壤，"大和心"明显表现出来的时期正是日记时代的开始。

男性日记与女性日记

我一直在讲日记的事情，但还有些完全没有提及的内容，这就是比男性日记稍晚出现的女性日记。两者的不同在于：第一，与男性日记用真名（汉字）书写相对，女性日记用假名体书写；第二，与男性日记不同，女性日记不是记在日历上的每日记录。当然也出现日期（所以是日记），但日期只用来表示事情的前后顺序。

不用说在叙述上假名体比汉文体自由得多。当假名体被女性掌握之后，女性日记便应运而生了。但是同时需要注意的是，男性日记和女性日记作为日记的本质区别在于是否是每日记录。

也就是说，无论是《蜻蛉日记》（藤原道纲母）还是《更级日记》（菅原孝标女），女性日记都是作者在后半生回顾自己的过去而写的，因此从一开始就不可能是每日记录。在这一点上，与每日记录日常杂事的男性日记理所当然是不同的，女性日记有明确的主题，都是借日记之名反省人生的文章。特别是最早的女性日记《蜻蛉日记》（974 年左右完成）中作者只写了藤原兼家的求婚与结婚，与和其他女子结缘的藤原兼家之间的矛盾以及与藤原兼家离散等两个人之间的事情，可见从一开始就没有准备要写快乐幸福之事。因此，这本日记可以说是在王朝时代丈夫走婚制度下，被迫经历不稳定爱情的女性所背负不幸的证言。甚至可以说，其中描述了无法解决的男女之间的不公平，超越时空向现代的我们发出强烈呼吁。这正是其成为古典名著的原因所在。

女性日记的谱系中必须要提到的还有纪贯之假托女性口吻写的假名体的《土佐日记》(934年)，尤其是篇首古文：

夫日记者，男子所书，余既女辈，欲试为之。

可见，女性日记的出现是受到男性日记盛行的启发，但由于过于明确的解释，反而让人觉得是对假托女性口吻的辩解。这是作者结束了作为土佐守的任期后，把从离开国府（现在的高知县南国市）到返回京城为止的40多天的旅途见闻记录下来的游记。有人认为这是作者基于旅途中所写的汉文体历日记改写成的假名体日记，这种说法关乎日记内容深浅，虽然颇有意思，但仅是一种观点而已。

纪贯之与被称为女性文字的假名（文）之间的关系可以追溯到30年前，即905年他为敕撰《古今和歌集》书写了假名序文（真名序文是纪淑望所写）。纪贯之确实对假名早有关注，从这一点来看，也许可以说《土佐日记》是纪贯之的实验性尝试。无论如何，纪贯之在假名（文学）普及方面发挥的作用是巨大的，给予再高的评价都不为过。

但是，如果把40年后所写的《蜻蛉日记》和《土佐日记》进行比较，就不得不承认在这期间假名文学确实取得了飞跃性的发展。整个10世纪女性文学都在稳步发展。

这是清少纳言、紫氏部登场的前夜。

第 7 章 · 王朝的才女们

欣赏绘卷物语①的女人们

此图讲的是中君为了安慰好不容易才逃脱匂宫求爱的浮舟,将其唤到自己身边,给她看绘卷物语的场景。御帘内的浮舟正在参照面前侍女阅读的物语文本观看绘卷。这让人联想到宫廷女房沙龙的情景。[《源氏物语绘卷》东屋(一),德川美术馆藏]

---

① 绘卷物语:绘有插图的物语小说。

历史与文学

最近似乎流行写"自传",无论是平淡无奇的岁月,还是波澜壮阔的人生,谁都暗自想将自己生活方式的状态记录下来吧——但是否能够完成则要看将其付诸行动的意志以及是否具有卓越的才能……这些姑且不论,从这个意义上说,日本最初的自传作品是平安中期即10世纪后半期藤原道纲母[①]写的《蜻蛉日记》。藤原道纲母在写这部日记时定了两个原则。

(1)不写他人的事情,只写自己的事情。

(2)与当时社会的物语[②]不同,要写真实的事情。

但是,正如前文所述,藤原道纲母虽然写了自己的不幸,但完

[①] 藤原道纲母:是日本平安时代中期的歌人,丈夫是藤原兼家,其子是藤原道纲。由于本名不详,因此又有右大将道纲母等称呼。

[②] 物语:传说、故事。

全没有记录愉快幸福的（虽然一定是有的）事情。因为在这种情况下，没有必要写。不过这也让人担心，因为虽然说要写真实的事情，即只写事实，但却是经过选择的事实，因此，所写内容根据与事实的相关性不同也有可能变成虚构的世界。

虽然藤原道纲母宣称不写物语，要写真实的事情，只写事实，但在二三十年后出现了一位主张只有在创作的作品——"物语"中才存在真实道理的女性，这就是紫式部。在《源氏物语》中，光源氏说：

《日本纪》记录世间大事，这里所载才是世间真人真事。
（《源氏物语》萤）

也就是说，《日本纪》——历史书中只写了很少的事实，反而物语中才写了符合道理的详细事实。这一主旨也是我的座右铭。

作者设计了如下场景：面对多年不遇的连日阴雨天气，不知如何打发时间的玉鬘与女房①们用绘卷、物语慰藉自己，在这种情景下，光源氏发表了物语论。

光源氏看到女人们将创作的物语与自己的人生对照，明知物语并非全是真实的，却还是热心地抄写，便采取了故意贬低物语的说法。但是，听到玉鬘说"我不认为物语中写有杜撰之事"，光源氏便转而说道："物语记录了神代以来的世间之事。"接着说："与此相比，诸如《日本纪》之类……"——这才是光源氏的真心话——因此，

---

① 女房：日本古时在宫中获准拥有一间房间的高级女官，或服侍贵族的女子。

光源氏物语论的核心应该是上文引用的内容。之后光源氏又论述了物语超越虚实带给读者感动的意义、作用等。

比起用事实汇集的历史书，物语详细记录了真实的事情，这一观点对于一直从事历史研究的人们来说应该是"一针见血"的严厉批评。的确，事实未必都能成为史实，历史也经常会被篡改。与此相对，人们认为创作的物语通过虚构故事描写世间真实的这种主张，不仅是明确的物语论，而且也是通用至今的历史与文学论。毋庸置疑在《源氏物语》中让光源氏说出这一观点的当然是作者——紫式部。在紫式部执笔创作《源氏物语》的过程中，男人们一边用物语主人公的名字向紫式部打招呼："若紫在吗？"一边来参观紫式部的写作现场。以这些男人们为首的读者肯定会对《源氏物语》的故事梗概以及人物形象评头论足，于是紫式部才想要告诉他们到底什么才是物语，我们能够明显感受到她的这一意图。

女官与女房

上述章节中需要注意的是，紫式部在描写女性们欣赏绘卷、物语的情景时说"诸多女子每日赏玩书画"，意思是说有很多年轻女官精通于此。这似乎为我们展现了在文艺方面具有杰出才能的女房们成立沙龙的情景。我认为紫式部是借这些女房来表现（年轻时候的）自己。可以说如果没有她们，就不会有宫廷文学的诞生。

在解读日本文化的历史时，我们注意到有一个女性才华大放异彩的时期。从世界历史来看，也是非常罕见的女性文化时代。平安时代中期，即10世纪中叶到11世纪中叶的大约一个世纪，清少纳言、紫式部、和泉氏部、赤染卫门、菅原孝标女等女性，她们的共同点都是宫廷（后宫）中侍奉后妃的女房。女房究竟是怎样的存在呢？本章我想以女房为关键词考察王朝才女们的时代。

后宫中究竟有多少女房呢？这里的后宫是指宫城中包括承香殿及其以北的殿舍，即七殿五舍（合为十二殿舍），是各个妃子及随侍女房们的住处。由十壶（坪）[①]庭中种有桐、藤、梨等树木，因此也被称为桐壶、藤壶、梨壶等。众所周知，光源氏的母亲是桐壶更衣[②]，光源氏长大后追慕藤壶女御[③]。作为一条天皇的女御于长保元年（999年）十一月入宫的藤原道长之女彰子，当时便在入宫前，从四品、五品官员的女儿中"精挑细选"出来容貌姣好、富有教养、坐立行走姿势优雅的40余人，伴有6位童仆，6位使女（《荣花物语》）。顺便提一下，一般认为紫式部并不是这一时期入宫的女房，而是后来其才能受到道长的赏识才开始在宫中任职，负责管理年轻的女房们。

让我们来回顾一下，宫廷中很早就有与男性一起工作的女性，这些人也被称为宫人。壬申之乱（672年）以后，《日本书纪》中出现了不许男人夤缘宫人的记载。因为有些男人想通过宫人的介绍立身处世。这样的宫人，大家熟知的有奈良时代的藤原不比等之妻橘

[①] 壶：天井，中庭，院子。
[②] 更衣：日本平安时代后宫女官名，后侍奉于天皇的寝所，位在女御之下。
[③] 女御：日本古时在天皇寝宫服务的地位较高的女子，地位次于皇后和中宫。

三千代、不比等的孙子藤原仲麻吕之妻藤原袁比良古（女）等有夫之妇，其中五品以上有官位的宫人被称为内命妇。

到了平安时代，女官（人）们任职的官厅即后宫十二司日趋完备。其中心是内侍司，由尚侍（长官）、典侍（次官）、掌侍（三等官）等超过百名的女官组成。早期的女官有曾担任尚侍的藤原药子。她身居此位，受到平城天（上）皇的宠爱，策划迁都平城京失败后服毒自杀，这件事非常有名（史称"药子之变"）。还有一条天皇的皇后定子的母亲高阶贵子，被称为高内侍。她认为与蹩脚的婚姻相比，入宫任职更好，因此入宫担任内侍（这里是指内侍司掌侍），与藤原道长的哥哥藤原道隆一见钟情，结婚后辞去宫内职务。根据《延喜式》记载，当时领取时服（根据季节不同而发给的衣服）的官人数量是以贞观十二年（870年）的官人数量为基准制定的，其中男官4909人，女官496人。男官女官的比例是十比一。

与上述"女官"不同，另一种入宫任职的是"女房"，二者容易混淆。所谓女房，房是指被授予房间的人，之前的上级女官中也有被给予殿舍而称为女房的，当随侍后妃私人的女性群体出现以后，便专门用女房来称呼这些人。因此，女官与女房的区别在于，如果说既服侍天皇又服侍后妃的是女官（官人），那么女房则是指随侍特定的女主人——入宫成为后妃的摄关家女儿的私人存在（不是官人），她们是在摄关时代发挥特殊作用的女性。如果多名后妃同时存在，那后宫或者皇宫中到底有多少女房在工作，一时还不得而知。因为实行轮班制，所以即使有40人，也不会让所有人每天都工作。

成为女房的条件

《源氏物语》帚木卷中收录了"雨夜品评"的故事,讲的是光源氏与同伴在某个雨夜闲来无事,围绕理想的女性形象展开了激烈讨论〔紫式部似乎喜欢让他们在雨天(夜)进行讨论,这是题外话〕。经过一番讨论,最后得出结论,身份通上达下的中流女性最为理想。

这样说来,紫式部也确实是中流女性,即受领的女儿。受领是指实际到地方诸侯国赴任的国守,以紫式部为代表,作为女房入宫供职的王朝才女们,清少纳言、和泉式部、赤染卫门或者菅原孝标女的共同特征都是受领阶层出身。

清少纳言的父亲清原元辅,天禄二年(971年)被任命为周防守[①],带着当时不到10岁的清少纳言赴任。之后宽和二年(986年)被任命为肥后守,永祚二年(990年)六月83岁时在任国去世。虽然他也曾被任命为京官,但却是以受领之职度过并结束一生的典型的中流贵族。

紫式部的父亲藤原为时,长德二年(996年)被任命为淡路守时,将表达自己失意的诗歌献给一条天皇,在体察到天皇怜悯之心的藤原道长的授意下,被改派为越前守,这是众所周知的真实故事。当时,紫式部也跟随父亲来到越前,为了结婚提前回到京城。后来

---

① 守:日本律令官制下四等官中最高的官。各官厅的最高负责人,所封官号因衙门而异,诸国为"守"。

宽弘八年（1011年）藤原为时被任命为越后守，长和三年（1014年）六月还没等期满就辞任返回京城，可能是因为那年春天紫式部的离世。两年后，藤原为时在三井寺（现在的滋贺县大津市）出家。可见，他最后的职务也是受领，可以说紫式部也是典型的受领之女。其他的女房们也同样如此。跟随父亲、丈夫接触地方风土人情的生活体验与她们的创作有很深的关系。

不过，提到受领，引人注目的是受领在任期中为了下一任职务不停积蓄财物的贪婪欲望，但是上述女房们的父亲却似乎与这样的事情无缘。

成为女房的必要条件是出身于中流阶层的女儿，其意义如上所述，如果要补充的话，即上述女房的家族都是家学深厚的书香门第这一事实。清少纳言的清原家族，曾祖父辈有歌人深养父，父亲元辅也因被选为和歌所寄人①的歌人而广为人知。清少纳言在《枕草子》（九十九段）中提到自己作为"元辅后人"被寄予厚望。紫式部的曾祖父藤原兼辅也是歌人，因府邸位于鸭川畔被称为堤中纳言，紫式部与弟弟一起向父亲藤原为时学习各种学问，父亲曾遗憾地说，如果紫式部是男孩就好了，这些内容紫式部在《紫式部日记》中都有所述及。想来这也是理所当然的，能够具有这样的资质与教养，并且能够入宫供职发挥才能，也只有中流贵族的出身才可以做到。因为中流以下则无法兼具教养，中流以上则父母会把女儿培养

---

① 寄人：平安时代以后，配属于朝廷记录所、和歌所或幕府的政所、问注所、侍所的职员名称，担任庶务、执笔工作。

成"后妃的候补人选",而不会让女儿成为随侍后妃的女房。

女房沙龙

在一个飘雪的早晨,藤原定子问女房们:"香炉峰雪……"于是,清少纳言突然起身,掀起竹帘……尽管只是这样一个动作,但清少纳言却得意地认为能这样做的只有自己(《枕草子》二百九十九段)。这个互动是根据"香炉峰雪拨帘看"这句中国古诗而来的,如果不知道这句古诗,首先不会应对,即使知道,如果说"嗯,雪积了多深呢?"也会让这个场景变得扫兴。这个让清少纳言得意的故事可以让我们了解后宫沙龙的一个侧面。

那么清少纳言掀起的这个竹帘在什么地方呢?她们活动的场所是在被叫作寝殿造的没有隔墙的建筑内,其构造分为"正屋"与"厢房"。正屋与厢房之间有柱子,那里悬挂着御帘,作为两者的分界线。清少纳言掀起的竹帘很可能就是这个御帘。

《枕草子》中经常可以看到如下描述。清少纳言"依在高栏边,沉默不语"(九十五段)。"(定子)(的正屋)诸人随侍,我依在高栏边,与(其他)女房闲谈"(九十八段)。也就是说正屋柱子外侧的厢房是女房们进行服侍的地方,可见女房与后妃的身份存在明显差别。

清少纳言虽然以此为荣,但正因为营造这种"场景"的是藤原定子,所以清少纳言的大显身手是因为有藤原定子的存在。藤原定子继承了母亲贵子的"才学"与父亲藤原道隆的"诙谐",是理想中的女性。清少纳言仰慕藤原定子也是无可厚非的。

这样看来,可以说以藤原定子与清少纳言为中心的后宫沙龙,与其前后时代的沙龙相比都是最为充实的。据说在贺茂斋王居住的紫野斋院中,特别是大斋院①(村上皇女选子内亲王,大约半个世纪都担任斋院,被称为大斋院)的沙龙中,女房们被任命为"歌长官""歌次官"或者"物语长官""物语次官",举行和歌会或者物语会。其中物语会是将各自创作的短篇小说在众人面前朗读的集会。我突然想到,后来创作《野菊之墓》的伊藤左千夫据说也同样在朋友的集会上朗读自己的小说,当时左千夫被自己的小说感动得热泪盈眶。我们可以认为后宫沙龙与大斋院沙龙是同类事物。后宫沙龙也是王朝文学创作的场所。

女房紫式部所处的又是怎样的情形呢?紫式部担任(与自己相差18岁)彰子的老师。同僚对她敬而远之,说"你是个一本正经、难以相处,爱好物语,动辄吟咏和歌,不把别人放在眼里,瞧不起人的人"。但是,"实际与你交往之后才发现,你落落大方,简直判若两人"。我想这两种评价都符合紫式部的实际形象,她在《紫式部日记》中坦言,实际上因为同伴的嫉妒,她才装作是目不识丁"年老昏聩的人"。

这样自然不会拥有亲密的人际关系,不能与藤原定子和清少纳言的沙龙相比。紫式部在入宫供职之前就开始创作《源氏物语》,入宫之后,道长家为其提供纸张等物品,支持她的创作活动,这可能

---

① 斋院:日本中古时为京都贺茂神社祭祀活动效力的未婚内亲王或女王。

也是她受到其他女房嫉妒的原因。从这个意义上也许应该说紫式部的创作活动是存在于沙龙之外的。

按照女房们各自个性从事工作的后宫，也不完全都是女性的世界。如鱼得水的清少纳言曾经说："那些在语言与思想上，对供职的女房一概轻视且丝毫没有钦佩之意的男人们才是真正令人憎恶的。"她在男人面前也许有装腔作势的成分，或许也是文学创作的力量。我们从女房紫式部的日记——《紫式部日记》的字里行间可以体会到她在歌颂主家荣华富贵的同时，心情始终都不舒畅。紫式部与清少纳言二人虽然资质、个性不同，但二人都很清楚自己所处的立场。

以她们为代表的女房活动在藤原道长的时代达到了顶峰。这一时期，为显示藤原道长的权势，亲王的女儿也会成为女房入宫，服侍摄关家的女儿。

消逝的"才女季节"

但是藤原道长死后（1027年），到他儿子赖通的时代，摄关政治出现了颓势。这是因为辅佐三代天皇、占据摄政[①]及关白[②]之位长达50年的藤原赖通，其入宫的女儿没有产下皇子，未能成为皇族亲人，故而始终是个外人。此外还表现在后三条天皇曾扬言说："摄政关白

---

① 摄政：指代替君主执政（的职位）。自圣德太子以后一直由皇族担任，但清和天皇时外戚藤原良房受此任后一直由藤原氏把持。

② 关白：指辅佐天皇处理政务的最高职务。

之甚可畏者,但为天皇之外祖(父),朕则不能有所欲矣。"(《愚管抄》)因为后三条的母亲是祯子内亲王,因此他没有藤原氏的外祖父。我们也要注意到依存于女性法则的摄政关白权力的脆弱性,后宫世界也从此一蹶不振。

使后宫活动低迷的原因不能忽视的还有屡次殃及皇宫的火灾。每次火灾后,到皇宫重建为止,天皇都临时居住在京中摄关家的府邸中。于是,这里被称为内里皇居,天皇住在内里皇居的时间越来越长。在日常生活中,与皇宫(日常起居的场所是清凉殿)相比,内里皇居更为方便。天皇的母亲也一同在此居住。到了院政时期,年少天皇相继即位,天皇平时几乎都住在内里皇居,原来的皇宫(即使重建以后)只在举行仪式时巡幸而已,天皇根本不在那里居住。

从后宫的存在形式以及女房所处的环境来看,皇宫的规模最多不过一町①(120米)见方,后妃都是与提供内里皇居的摄关家关系亲密的女性,不能奢望摄关家再为女房提供设施。

这样一来,女房就失去了可以大显身手的条件,王朝才女们的时代一去不返。

---

① 町:这里町是日本度量衡的长度单位,实际一町约为109米,但原文中是120米。

第8章 · 写实与幽玄

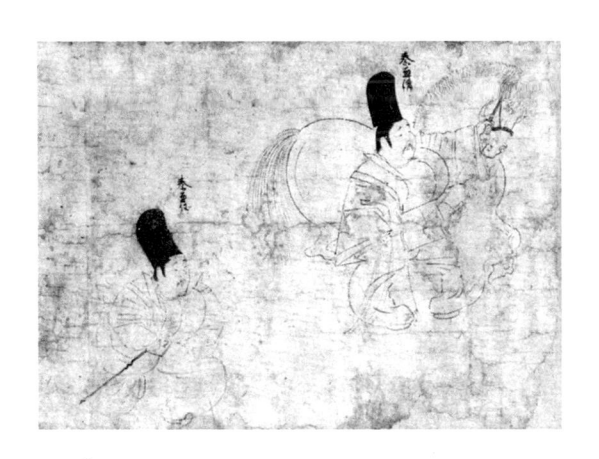

似绘[1]

这是《随身庭骑绘卷》的一部分，舒展流畅地描绘了骑马随身的面貌、姿态。随身是近侍院[2]、摄关的相当于护卫的下级官员，主要由秦氏一族担任。普遍认为本图的作者是似绘画家藤原信实。[大仓集古馆藏]

---

① 似绘：平安末期至镰仓时代"大和绘"系列肖像画的总称。
② 院：指太上皇、法皇等的住所。

描绘肖像

不会真的有人相信当三个人在一起拍照时,站在中间的人会很早死去这一民间传说吧?这是照相机开始使用后一个多世纪里出现的近代"神话",虽然不足为信,但为什么会出现这种说法呢?有各种人做过"解释",其观点大致如下。

简而言之,即认为这种说法源于三尊佛。三尊佛是中间本尊与左右协侍的总称,三尊佛的形式与思想被运用于以庭园造型为代表的日本生活的方方面面。

其中典型的事例就是挂轴。在日本,将书画挂轴挂在墙壁上欣赏的习惯是镰仓至室町时代从寺院传播到民间的。挂轴如果是两幅或者四幅这样的偶数则没有问题,如果是奇数三幅的话,中间的挂轴则被视为本尊。因此,在室町时代盛行的"立花"(花道的源流)的世界中,当在三幅挂轴面前插花时,枝条不能高于中间的挂轴。虽然原本作为佛前装饰的插花被引入一般人的生活空间,成为"(日式）房间装饰"的主角，但还是要求遵守对三尊佛的约定法则，而且成为生活习俗。

也许大家已经明白，即当三个人在一起时，中间的人会被认为是"佛"，既然是"佛"就不是生活在这个世界的人，也就被理解为"故人、死者"。在高僧的法会上，在顶相（肖像画）的左右两侧配有龙虎或草木画，构成三幅成套挂轴，僧侣们将这组挂轴挂起来供奉，也是模仿三尊佛。

顺便捎一下，和歌会上悬挂在墙壁上的画像是被奉为歌圣的柿本人麻吕的形象（画像），这一习俗开始于镰仓时代。在悬挂画像时，左右两边配上草木图构成三幅成套挂轴（例如，《慕归绘》五卷三段中的和歌会场景），也是同样的道理。

总之，后来在庶民之间广泛流传的"三尊佛"的观念和生活感受，因为照片这种近代工具的触发而再度出现，并找到了合适的发挥空间。因此，日本人回避站在中间拍照的行为模式是潜藏在意识深处的佛教思想的体现，这就是日本文化。这种说法似乎有些过于强势，当然只是一种解释，大家是否相信则另当别论。

九条兼实[①]与"似绘"

我之所以以上面的故事开始，并无他意，因为类似说法在平安末期也有。当然不是照片而是绘画，所谓绘画其实是"似绘"，即用

---

① 九条兼实：镰仓前期公卿。藤原忠通之子，自幼博学多才，平氏掌权时升进为右大臣。

写实（在当时来说）的手法绘制的肖像画，其中隐藏着与照片同样的问题。

后来成为摄政、关白的九条兼实在担任右大臣时，他在日记《玉叶》承安三年（1173年）九月九日这一条中大致记录了下面的事情。

有一天九条兼实这里来了一位后白河院的使者，传达院旨，请九条兼实为建春门院（院后，平清盛之妻时子的妹妹滋子）发愿建造的新佛堂书写匾额。随后，使者讲述了下面的事情。

> 这个佛堂中有许多屏风画，其中有后白河院巡幸日吉大社、参拜高野山，女院①巡幸平野神社的画面（绘师是光良），但只有随侍大臣公卿的"人面"（也作面貌，即脸部）是由擅长肖像画的（右）马权头隆信绘制的，据说"极为珍贵"。使者回去之后，九条兼实思忖觉得自己在这三次行幸、巡幸中都没有随侍（因此没有被画下来）是"第一冥加也"——最幸运的事。

大概三个月后的十二月七日，九条兼实去参观新佛堂时，请佛堂管理人员打开锁着的房间，亲眼目睹了那些受到关注的屏风画。

九条兼实在日记中记录了当时的情景，证实屏风上确实画着三次行幸、巡幸的画面以及随侍大臣公卿的面貌，并写下与三个月前同样的话，即下官（自己）没有随侍是"第一冥加也"。

---

① 女院：日本古时给予天皇的生母和内亲王等享受太上皇待遇的女性的尊号。

九条兼实实际看过后的印象与自己之前听说时想象的完全一致。他也写了房间被锁着的原因是因为画面"荒凉"而被秘藏,"荒凉"一词大概包含了一种无法形容的感觉。

那么九条兼实为何如此贬低、讨厌这些"行事绘"(仪式绘)呢?对于九条兼实的这种反应,有学者提出了一个饶有兴趣的观点,即在之前的贵族社会中,由于担心自己的肖像被写实地描绘下来,这会给政敌提供将其作为诅咒自己的道具的机会,因此人们并不热衷于创作肖像画(传说,在古代为了诅咒对方,一般都是制作人偶并用妖术置其于死地)。我不知道有哪些使用写实性肖像画的事例,因此不能马上做出判断,估计也有这种可能。但是,我们似乎有必要探讨九条兼实意识中更深层的东西。

我认为九条兼实对肖像画有两点感到不满。

第一,对描绘活人形象的抵触感。因为在这之前,人物画多是为死人画的(这叫寿像),很少为活人作画。

第二,写实地描绘人物肖像从人物被特定化的意义上讲也受人忌讳。

我能够理解九条兼实的这种反应,但却非常在意他两次都使用了"第一冥加也"。这不能不让人觉得九条兼实虽然嘴上说自己没有被画下来是幸运的,但实际上内心感受却正好相反,因为自己没有被画下来而感到遗憾。当后世的人们看到这些画时,可能不会想起没有被画下来的九条兼实这个人物。因为九条兼实应该知道,姑且不论屏风画能留存多久,这都是一种新的记录手段。

绘画与说话[1]

平安末期至镰仓时期,一批绘卷出现了。内容主要以高僧传或寺社的起源为主,前者描绘的是高僧传记,后者描绘的是寺社历史。也就是说,绘卷用画的形式进行记录,具有超越文字的表现力。这就是以庶民为对象使用绘卷进行图解的原因。

能说明绘卷具有记录性的是稍晚出现的《一遍圣绘》。这幅绘卷是描写时宗的始祖一遍(1239—1289年)努力布教的行状[2]。据说在制作此绘卷前,画家圆伊与一遍的胞弟也是其弟子的圣戒一起追寻一遍的足迹,逐一进行写生。因为绘卷的记录性用实证作为后盾,内容也就具有相应的真实性。虽然并非所有绘卷都是通过这种方式创作的,但可以肯定的是作为新的记录手段,写实性的绘画受到重视,肖像画、绘卷便应运而生了。

从这一点来看我们需要注意绘画与"说话"的关系。例如《信贵山缘起绘卷》中妙莲的故事就是根据收录在《今昔物语集》中的"说话"创作而成的,可以认为绘画与作为新文学出现的"说话"(集)关系密切。"说话"与王朝文学不同,它以地方的、庶民的题材为主,并关注事物的新奇性、滑稽性,有时也耽于秽杂的世界。"说话"作品以《今昔物语集》为代表,还有《古本说话集》《打闻集》,内容散失只留下书名的《宇治大纳言物语》及其补遗《宇治拾

---

[1] 说话:民间流传的故事,包括民间故事、传说、社会事件杂谈等。
[2] 行状:记述一个人的经历、一生的活动或业绩。

遗物语》《江谈抄》《古事谈》《续古事谈》《古今著闻集》《十训抄》《撰集抄》《发心集》等，粗略数一下就可以列出十余种。其中，橘成季编纂的《古今著闻集》完成于建长六年（1254 年），属于后期的说话集作品，该书的特征是将 700 多则故事的主题按照从神祇、释教到草木、鱼虫、禽兽的顺序井然分为 30 编，写上"序"与"跋"（后记），并在每编前写上"小序"，阐明各部分的主旨。需要注意的是序与跋。

《古今著闻集》序文中说"图画者，愚性之所好也"，流露出作者对绘画的喜好，跋文中说：

> 吾所以欲出此集，是以欲先搜诗歌管弦诸方之善事，乃为画存……

作者说自己四处搜集材料，也就是说原本就喜欢绘画的橘成季编纂《古今著闻集》的动机是收集能使之成为绘画的题材。而且他骄傲的是即使是街谈巷议的故事也都是"实录"。可以说橘成季将"说话"（文学）与绘画（艺术）结合起来的想法是符合上述说话本质的崭新的构想。不过，这一构想没能实现……

因此，这本书中与绘画相关的故事有一些让我很感兴趣，下面给大家介绍收录在卷十一"画图"中的略带情色的故事。

> 画师大辅法眼贤庆的弟子中有一个法师，在贤庆死后与其遗孀不和，发生争执。于是法师向六波罗探题告状，

但无济于事。法师擅长绘画，便把贤庆遗孀的所作所为一一绘制成画，而且将其与男子私通幽会的场面画得浓墨重彩，附上说明提交上去，终于在诉讼中获胜。这个法师现在还住在摄津国宇出庄。

法师将诉讼的内容绘制成附有文字说明的绘卷提交后取得了胜诉，如果是现在的话相当于掌握了现场证据的照片吧。此处将事实绘制成画，与肥后国御家人①竹崎季长描绘自己战功的《蒙古袭来绘词》类似，它们都让事实变得可靠，具有超越文字的效力。其实，《蒙古袭来绘词》中描绘了作为记录人员的"执笔"的形象，我对此也很感兴趣。为了主张要将人物以外的马匹、铠甲都忠实地描绘下来，还特意记录为"马具足②似绘"。如果"说话"（可以说军记物语也是同一类）是以直截了当的表现为特征的写实文学的话，那么与绘画的距离的确是非常接近的。

"似绘"画家的出现

话题回到上文提到的九条兼实关注的行事绘，实际上也创作于这一时期前后。在基于两年之前即承安元年（1171年）十一月十九日举行的五节会制作的《五节绘》中，描绘了当天出席活动的所有

---

① 御家人：是日本镰仓时代直属于将军的武士的总称。

② 具足：指用具，此处指马的铠甲。

公卿，人物旁边注有人名（偶尔也注有年龄）。由此可知行事绘具有记录的属性。

再举一个这样的事例。名为《中殿御会图》的绘卷画的是建保六年（1218年）八月十三日清凉殿（也称中殿）中举行的管弦与和歌宴会的情景，描绘了围坐在怀抱琵琶姿态的顺德天皇四周的公卿殿上人，旁边注有人名与年龄。这本绘卷中负责绘制人物肖像的是上文提到的藤原隆信的儿子藤原信实，他是一位被称为肖像画名匠的画家。但无论肖像画多么写实，即使人们一眼就知道所画是何人，时间久了也难免不容易做出判断。人名的旁记与其说是因为画得不像，不如说是在于重视面向未来的记录性。个人的肖像画作为给死去的人绘制的追思像在这之前就已经出现了，上述事例说明，为活着的人作画，并非始于为个人作画，而是开始于为行事绘中的集体（中的一人）作画。那么，所谓的"似绘"又是什么呢？接下来我将稍作整理。

何谓"似绘"

所谓似绘，是指仿照对象描绘的画。描绘的对象多种多样，既有上文看到的"马具似绘"，也有室町时代受到人们喜爱的"唐绘似绘"。这并非是指唐绘的赝品，而是指仿照唐绘的画题、笔法描绘的作品，获赠的人也知道这一点并予以珍藏。顺便提一下，雪舟也留下了几幅唐绘似绘。因为他年轻时曾通过模写唐绘学习中国绘画。

可见，当时的似绘不仅限于肖像画，但关注画得像与不像的主要是描绘人物脸部的肖像画。如果是其他物品,只要知道画的是什么,即使形状稍有不同也不碍事。但当画的是人物时,如果画得不像则几乎没有意义,这就是为什么似绘被限定于肖像画的原因。

《古今著闻集》卷十五中有一个故事,说知足院殿即摄政、关白藤原忠实的情人小物御前在忠实死后(1162年),将其"年少时之御容"挂在房间中作为纪念。小物御前没有选择忠实晚年时熟悉的样貌而是选用其年轻时的肖像画,从中可以感受到她非常怀念自己得宠的时期。因为对她来说,从那之后便开始了新的人生……这样来看,肖像画——追思像不仅是回忆的寄托,更是生活方式的证明。

同一时期,在摄津天王寺的念佛堂中,挂着画家藤原隆能按照后白河院的要求画的鸟羽院的画像。鸟羽院是后白河院的父亲,这是其去世之后画的追思像,需要注意的是,这是最早的天皇(上皇)画像,说明从这一时期开始才绘制天皇的画像。

实际上,镰仓时代末期完成了历代天皇肖像画的集成《天子列影图卷》,其中最早的就是鸟羽院的画像。我想这并不是巧合。为什么天皇画像始于鸟羽院呢?也许反映出似绘肖像画的创作是因为鸟羽院之子——后白河院才得以盛行的。众所周知,后白河院对今样歌[①]非常感兴趣,向白拍舞[②]女学习,学习的成果就是汇集今样歌的《梁尘秘抄》。其实,后白河院对肖像画这种新的表现形式也比别人

[①] 今样歌:日本平安时代中期至镰仓时代流行的一种歌谣,是相对于传统歌谣而流行的新歌谣的总称。

[②] 白拍舞:平安末期兴起的一种歌舞和舞女,穿白色古代礼服,戴黑漆帽,挎长刀,唱着"今样歌"跳舞。

更感兴趣。

与宫廷社会中似绘的兴起相关并受到关注的是为了适应这种需求而出现的似绘画家。以被称为"似绘名人"的藤原隆信为代表,广为人知的还有同样被称为"似绘名人"的隆信之子信实、曾孙为信、孙子(实际是儿子)豪信。也就是说这一时期出现了以似绘为家业的似绘世家。不言而喻,似绘世家每隔一段时间为天皇、公卿画的肖像画或草稿流传了下来,以此为基础,编辑而成《天子列影图卷》《摄关列影图卷》《大臣列影图卷》。后两者几乎是始于同一时期的摄关、大臣们的肖像画集成。这也证实了从平安末期的院政①期至镰仓时代的确是肖像画的时代。

但是,为什么肖像画开始于院政时期呢?为此,我们有必要对院政时期的时代背景有所了解。

物量主义的"信仰"

有关院政时期时代背景的最佳史料源于记录了白河院去世一事的中御门宗忠的日记《中右记》中的记载。开启院政时期的白河上皇(院、法皇)于大治四年(1129年)七月七日在位于三条乌丸西面的院御所内结束了他77岁的生涯。现将主要内容引用如下:

"自后三条院崩后,掌天下之政五十七年_{天皇在位十四年}

---

① 院政:指天皇让位后作为太上皇或法皇继续处理国政的政治形态。

_{让位后四十三年}任意而不拘法,行除目、叙位。(此事)古今未有。"

"威满四海,天下归服。掌幼主三代之政……然理非决断,赏罚分明,爱恶揭焉(爱憎分明),贫富显然。因男女之殊宠(特别的宠爱)甚多,至天下之品秩(品性和秩序)破坏。"

"政自睿虑出,全不由相门(摄关家)。"

上述说法多少有些夸张,但反复出现的记录已将当时贵族们接受白河院专制政治的姿态清晰地展现在我们眼前。

让位后的天(上)皇离开皇宫住进院御所,在那里院别当[①]等职员被委任管理诸项事务。上皇(院)的机构称为院厅,上皇的指示命令由院厅下文执行,这些命令最初只是与院有关的事务,并不干预国政。因为国政需要在皇宫举行的公卿会议上决定并获得天皇的批准才能执行。

但是,从很早开始,国政就变得徒有形式。如上文所述,白河上皇个性很强,再加上堀河天皇年幼,作为父亲,白河上皇超越了辅佐天皇的立场开始干预朝政。具体来说,就是重要的事情由大臣等人集中在院御所而不是皇宫审议决定。上文提到《中右记》中摄政关白的意见被无视也是指这种情形,之前以辅佐天皇为己任的摄关家的地位,在白河院时代急剧下降的原因也在于此。

---

① 别当:指日本古时特殊衙门的长官。

让摄关家等上层贵族感叹的还不止于此。因为上皇频繁任用中、下级贵族——受领层，使他们在政界发展显著。《中右记》中提到天下品秩（品性和秩序）被打破就是指这种现象。根本原因是受领层为上皇（院）提供了经济上的帮助，白河院时代自不必说，鸟羽院、后白河院时代大张旗鼓进行的造宫、造寺、造佛等事业，也完全依赖于受领层的经济实力。不用说，受领的财力来自在任国期间的积累。这种情况以极端的形式进行并且在这一时期结束，说明院政时期是贵族政治的最后阶段，也是贵族文化散发最后光芒的时期。

《中右记》中有"某人所述白河院御善根"，记录如下：

绘像 5470 余幅

生丈佛 5 尊 丈六佛 127 尊

半丈六佛 6 尊

等身佛 3150 尊

三尺以下佛 2930 余尊

堂宇、塔 21 基、小塔 446630 余基

金泥一切经书写

此外秘法修善千万坛、其数不知。此二三年，诸国杀生禁断，施大善根也。

不知道上述数据哪些是可信的，但这确实是非同寻常的"善根"。据说在白河院去世当日，院御所的南庭中仍有数百名佛师在建

造五尊丈六①佛。

院政时期是物量主义横溢的时代。据说白河院在鸭东建造的法胜寺八角九重塔的高度达到81米，后来鸟羽院让平忠盛建造的得长寿院三十三间堂，其中安置了1001尊观音像。众所周知，这就是后来后白河院让平清盛建造的著名的莲华王院"三十三间堂"（现存的是镰仓时期重建的）的前身。

法胜寺可以说是之前的佛教——奈良佛教、平安初期的密教、平安后期的净土信仰等的集大成之作，不愧为"国王之氏寺"（《愚管抄》）。这反映了信仰的物量化，或者说物量主义的信仰，是强烈的现世主义。

武士的出现

武士的出现是院政时期的另一个特征。虽然之前发生了承平、天庆之乱以及被称为前九年、后三年之役的战争，但都是发生在关东、东北地区的骚乱，与中央贵族毫无关系。后白河天皇时期的1156年，在鸟羽院去世10天后爆发的保元之乱，对贵族们来说是最初的王城之战，也是让贵族们意识到武士的存在及其作用的战役。

---

① "丈六"是佛像的像高标准，是指立像高度为1丈6尺（约4.8米）的佛像。"丈六"是用中国的唐大尺（1尺=约30厘米）换算后的佛像高度，佛经中佛（释迦牟尼）的身高是普通印度人身高的2倍（8肘），1肘换算为2尺，8肘为1丈6尺。如果是坐像，立起来是丈六，因此将丈六的一半即8尺高的坐像叫做丈六像。"半丈六"是指高8尺（约2.4米）的立像与高4尺的坐像，而坐高1丈6尺的佛像叫"倍丈六"（3丈2尺），因为有"真正"（丈六）的意思又被称为"生丈六"像。

众所周知，后来慈圆——天台座主，本章开始时提到的九条兼实的胞弟——在史论书《愚管抄》中说"保元元年七月二日，鸟羽院驾崩，日本国之乱逆后，为武士之世也"。武士时代是力量对决的现实主义世界，因此出现写实性的似绘就具备了非常充足的理由。

保元之乱中有分属胜败两方的两位贵族，即藤原通宪（也就是信西入道）与藤原赖长，二人当时分别被称为"日本第一大学生"和"极品学生"。

下文是二人在各自阵营的军事会议上发表的意见。有武士提议"战争中夜袭最重要"，藤原赖长反驳说那是太过鲁莽的行为（粗野的行为），是10骑[①]、20骑等小规模战争中的私人行为，并不可取。而信西入道则认为战争的关键在于速战速决，这就是夜袭。信西入道虽然实施了夜袭，却没有取得胜利。于是，信西入道怂恿那些请求趁风力进行火攻的武士放火并说，即使烧毁一两个寺院，也可以重建。虽然二人都是大学者，但曾经是摄关家左大臣的藤原赖长的理想主义与受领出身的信西入道的现实主义不仅体现在兵法上的不同，也表现出对时代认识的不同。结果以信西入道的胜利告终，这就是在位于鸭东的白河殿中进行的攻防战。

有趣的是曾经是现实主义者的信西入道认为自己无法在朝廷出人头地，便在担任少纳言（太政官的事务官）时出家为僧。但他出家并非为了逃避世俗。不仅如此，信西入道以出家为契机，得以接近出家的鸟羽院（法皇）并受到重用，信西入道借其妻子是四皇子

---

① 骑：马匹。

雅仁亲王乳母的这层亲近关系，助推雅仁亲王即位（后白河天皇）。保元之乱后，信西入道施展了他的铁腕，这让人们很难理解信西入道出家、遁世的意义之所在。

何谓遁世者

实际上，从平安末期至镰仓初期有许多遁世者。其中有不少以僧侣为职业的遁世者，他们本是比睿山延历寺的僧侣，由于不满足在山上修行，便下山到大原①的山村中过着遁世生活。我们需要注意的是与信西入道类似心态的那些人。

例如，俗名叫佐藤义清的西行，纪伊②出身，被任命为兵卫尉（1135年），在担任鸟羽院下北面③武士期间于保延六年（1140年）遁世，据说是由于对某位高贵女性思慕未果，但实际情况不详。遁世的西行以高野山僧人的身份游历各地，邂逅各种人物，晚年在去奥州的途中顺道去镰仓见了源赖朝，西行的作品被收录在《山家集》中。

再例如鸭长明，本是下鸭神社（正式名称为：贺茂御祖神社）的祢宜（神主）之子，由于擅长和歌，被任命为编纂《新古今集》

---

① 大原：京都市左京区地名，位于洛北寂静的农山村。
② 纪伊：指纪伊国，日本旧国名，位于今和歌山县和三重县南部。
③ 下北面：在院御所北侧近侍的武士，分为上北面和下北面，上北面官至四位，下北面官至五位、六位，是院政的武力组织中心，白河院时代创设。

的和歌所寄人。由于家族的反对，鸭长明没能担任摄社[①]河合社的祢宜一职，便于元久元年（1204年）遁世。之后去了镰仓，面见将军源实朝，期待成为实朝的参谋，但没能实现。描述世事无常的《方丈记》是在鸭长明去世4年前（1212年）完成的。

根据《方丈记》的记载，位于日野山麓的长明草庵是"一间之庵"，大小只有方丈，高不足七尺。对于隐士的闲居来说已经是足够大的空间了。"本欲弃此世，然何不可舍，吾心尚怀都，徒然成烦恼"（《山家集》）。如果说西行表达了对无法舍弃的世俗的执着，那么在这间草庵里，鸭长明在《方丈记》中则通过列举许多天灾人祸，表达了"逝川流水不绝，而水非原模样"的无常感。这就是人们把这种和歌或散文称为"隐士文学"的原因。

我们还需要注意，在那些抛弃世俗、步入寂寥生活的遁世者的世界中，产生了新的理念。这就是所谓的"寂"和"幽玄"，二者在以脱俗感、孤独感、无常感为基调这一点上是共通的。从藤原俊成用"幽玄"评价西行的和歌开始，"幽玄"便成为审美意识、美学理念。与此相对，这一时期有关"侘"的用例并不多，但不久它便与"寂"均成为中世的审美意识。如果没有遁世的审美意识，那么日本式的审美则无从谈起。

隐士、遁世者们放弃世俗，隐居山野，但遁世后并没有完全断绝与世俗的来往。山野的草庵中并不都是一心修行、淡泊名利的纯粹遁

[①] 摄社：指日本的神社中附属于本社，祭祀与本社关系较深之神祇的神社。地位介于本社与末社之间。

世者。无论是西行还是鸭长明，遁世后反而与其在俗人时期因身份悬殊而无法遇到的"高贵"之人有了交集。信西甚至如上文所述，以出家为契机将权势揽入手中。那么所谓的遁世到底是什么呢？

遁世是指脱离尘世、脱俗的意思，也就是摆脱世俗的束缚。剃度出家是最低条件，因为只要出家就被认为是解除了世俗中的身份关系——这已成为社会共识。因此，如果说回避世俗是遁世——虽然这应该是真正的遁世——但反过来遁世也给了人们应对世俗的武器。这是遁世的效用，如果忽视了这个事实就无法理解遁世的全貌。

绘系图

本章从后白河院的后妃建春门院发愿建造的最胜光院御所的屏风画开始说起，列举了一系列相关的事例，下面的话题再次回到似绘肖像画。似绘肖像画的创作历经了整个镰仓时代，但作为一个词语则出现在镰仓末期并终结于南北朝时期[①]。究其原因是，始于院政时期的名人藤原隆信宫廷似绘画世家门第由于朝廷贵族的衰微而没落所至。当然，俗人肖像画的创作是在这之后兴起的，所以没有衰微。

这一时期，净土真宗的佛光寺派通过绘制信徒样貌的方式，使信徒数量急速增加。这种方式开始于佛光寺派始祖了源，他之前虽

[①] 南北朝时期：日本自建武三年即延元元年（1336）后醍醐天皇于吉野山中开创南朝，至元中九年即明德三年（1392）后龟山天皇回归京都为止的约60年间，分裂成京都（北朝）和吉野（南朝）两个朝廷并相对独立的时代。

然制作了写有信徒姓名的"名簿",但觉得还不够,于是又将信徒的画像——具体来说是上下或是左右画上夫妻像,与住持之间用红线连接起来,这就是"绘系图"的由来。关于绘系图的意义,了源在最前面的序文中写道:

> 此即、且为正次第相承之仪,且思同一念佛之谊,故绘现实之画像,留为永世之纪念。

也就是说之所以制作绘系图是为了加强师承关系以及与同信同行之间的联系,通过生前绘制自己的相貌,作为"永世"的纪念被保留下来,从而强烈地激发了门徒的信心。这种情况下,入教不是出家遁世,而是以此为契机通过绘制肖像画,确保信仰的永恒性。

可以说,从俗人的肖像画开始被绘制之后的150年,人们对这期间发展起来的肖像画的认识切实得到了深化。

第 9 章 · 内野的芜菁——权威与权力的分化与互补

宴松原

位于皇宫（右边）西侧的广场。一般认为因其南面的丰乐院是国家级的宴飨设施而得名，但并没有把这里作为野外宴飨场所使用的事例。这里曾经是松树繁茂、非常寂寥的地方，被称为"沿内大道"，是人们往来的必经之路。这是为了纪念迁都平安京 1200 年所建造的千分之一比例的平安京复原模型的一部分。[照片提供：京都市]

"沿内野大道"

我们在阅读《今昔物语集》时曾遇到下面的描述，即

"沿内（野）大道"

从上下文来看，可以认为是指穿行于宫城之中。本章将以这个词为线索，探寻中世以后宫城与皇宫的存在方式。因为其中隐藏着日本深层的社会与文化。

下页图是平安京宫城图（顺便提一句，这种图纸只有平安京的保留了下来），从这幅图来看，皇宫西侧有一个几乎与皇宫同样规模的广场。一般认为皇宫西侧的广场自古以来就是为历代迁宫（天皇换代后迁移宫殿）预留的空间，在建造都城时随之而建的，但没有使用此处的具体事例。取而代之的是嵯峨天皇时期建造的清凉殿，后来作为天皇的日常居所，与原来的仁寿殿（位于紫宸殿后面）被

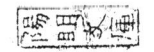

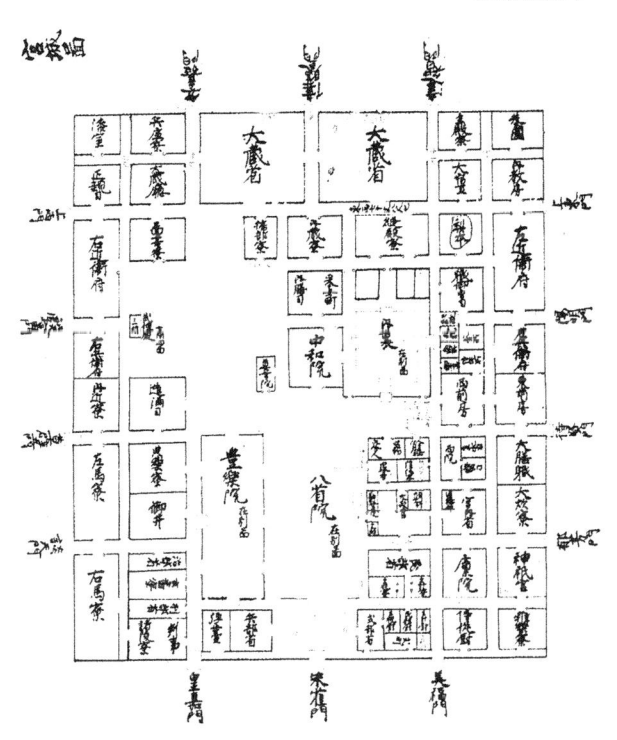

平安京宫城图

这种指示图只有平安京保有，是近卫家流传下来的镰仓时代的图纸。从图中可知，围绕皇宫设置了许多官厅，与平城京（宫）相比更加完善。但是中世这些官厅相继被废弃，变成荒原，被称为"内野"。不过，其中太政官、神祇官、真言院与宫城南侧的神泉苑被合称为"四所灵场"，一直保存至室町时代。[京都·阳明文库藏]

历代天皇交替使用。可以说这是历代迁宫的平安京版，直到 9 世纪末宇多天皇时期清凉殿成为天皇的固定居所，这种惯例才结束。

皇宫西侧广场也被称为"宴松原"。一般认为是因为广场延伸至丰乐院（国家级的游宴场所）北侧的空地而得名，并没有将这里作为野外宴飨场所使用的事例。不仅如此，由于这里松林茂密，即使白天出入都会让人毛骨悚然。在《今昔物语集》卷二十七中记载了一位女子想要穿过这片松林被鬼魅杀害的怪异之谈，据说是基于仁和三年（887 年）八月发生的真实故事。

想必大家已经明白了，所谓"沿内大道""沿内野大道"就是指穿过这个广场。因为住在左京与右京的人们如果要去宫城的另一侧就必须绕一大圈，但如果从宫城中穿过去就可以走捷径。位于宫城中的许多官厅，除了贵族官人之外，还有很多其他人进出，所以一般人穿过官厅街也不足为奇。后来，连车马也往来其中了。

但到了平安后期，广场周边的景观发生了很大变化，因为周围的官厅逐渐被废弃。我曾想对每个官厅的衰微进行调查，试图寻根觅迹，但由于没有足够的资料只能以徒劳告终。构成国家中枢的官厅接二连三地被废弃，从平安末期至镰仓时期几乎所有官厅都消失了——如果说不可思议，应该没有比这更甚的了。

太郎[①]烧毁·次郎烧毁

宫城中的官厅被废弃与火灾不无关系，鸭长明在《方丈记》中感叹世事无常的安元大火就是其中之一。安元三年（1177年）四月二十八日晚，樋口富小路起火，火势趁着当时的强风向西北方蔓延，酿成史无前例的大火灾。大火烧毁了庶民的房屋以及很多公卿的宅邸，并殃及宫城。大极殿[②]以下八省院的所有建筑都被烧毁，包括会昌门、应天门、朱雀门、神祇官、民部省、式部省、大膳职、大炊寮、主水司等无一幸免。这次被烧毁的官厅大多数后来都没有重建。因为大极殿是举行即位大典等国家仪式的重要场所，可以说大极殿的烧毁象征了古代国家衰微的命运。这场安元大火被世人称为"太郎烧毁"，与翌年发生在京中七条附近的"次郎烧毁"都是"京城"最初遭遇的大火灾。

此后，到了镰仓时代，宫城中只剩下一部分建筑，变成了荒野，不知从何时起这里被称为"内野"。以前所谓的"沿内（野）大道"本来是指以"宴松原"为主的地方，后来不久就用来指代整个宫城。本章以"内野的芜菁[③]"为标题，是因为镰仓时代在内野栽培的蔬菜——芜菁成为京都的名产。

这一时期人马的往来也比"沿内大道"时期更为繁盛，建久二

---

① 太郎：表示最优秀的，最大的事物。
② 大极殿：是位于皇宫朝堂院北部中央的正殿。天皇在此执行政务，举行即位、朝贺等重要大典。
③ 芜菁：是一种植物。俗名大头菜，又称大头芥。

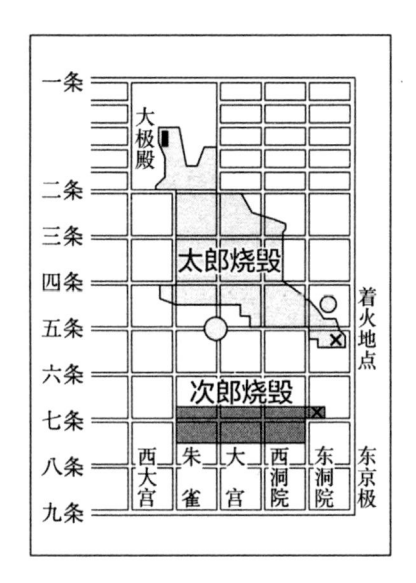

太郎烧毁、次郎烧毁图

前者因为是京中的首次大火而得名。火源据说是樋口富小路的舞者
（或病人）居住的临时小屋，火势向西北方以扇形蔓延开来，都城的
三分之一都被烧毁。

年（1191年）三月，后鸟羽天皇下令，宫城内禁止车马通行以及放
养杂畜牛马。更有甚者，内野竟然变成了遗弃遗骸的送葬地。因此，
镰仓末期完成的《不问自语》中有如下记载：

> 及见鸟边野追逝之人，于内野往来无间之状，余乃喟
> 然叹曰："何时吾身亦然也。"

内野与自古以来的送葬地鸟边野一起变成了让人们感受到人生

无常的地方。

内里皇居[1]成为皇宫

让我们再来梳理一下，中世的宫城是怎样的情况。

首先是官厅，内野中林立的官厅大部分都被废弃了，只有太政官、神祇官以及真言院的建筑被保留至室町时代，太政官与神祇官是律令制国家机构的两大最高机构，虽然这一时期不再发挥官署的职能，但作为国家机构的标志还是被保留了下来。中世的公卿还一直保留着作为律令贵族后裔的意识，但是这些建筑到战国时代也消亡了。

内野就这样名副其实地变成了荒野，后来利用这片广阔的空地建造起来的是丰臣秀吉的聚乐第、德川家康的二条城。

其次是皇宫，天德四年（960年）九月第一次被全部烧毁，后来又屡次遭遇火灾，由于每次火灾后天皇都临时居住在京城中摄关家的府邸，被称为内里皇居，这在前文已经提到。这一时期的内里皇居只不过是在原来的皇宫重新建成之前（1~2年）的临时皇居。但到了院政时期，内里皇居变成了天皇的主要居所，因为：

（1）皇宫屡次重建，由各国分摊所需经费的方式（这叫所课国制度）变得困难。

---

[1] 内里皇居：指置于宫城之外的皇居。始于日本贞元元年（976年）圆融天皇的皇居被烧后，将藤原兼通府邸作为临时皇居时。

（2）由于宫城中的官署相继衰微、废弃，宫城中的皇宫逐渐失去了存在的意义。实际上到院政时期，原来的皇宫虽然重建，但天皇已经不住在那里。

初期日记一览表

天皇	年号	事项
村　上	天德四年（960年） 应和元年（961年）	九月皇宫烧毁 十一月还御新造皇宫
圆　融	贞元元年（976年） 二年（977年） 天元三年（980年） 四年（981年） 五年（982年）	五月皇宫烧毁 七月还御新造皇宫 十一月皇宫烧毁 十月还御新造皇宫 十一月皇宫烧毁
花　山	永观二年（984年）	八月（皇太子受禅）移御新造皇宫
一　条	长保元年（999年） 二年（1000年） 三年（1001年） 五年（1003年） 宽弘二年（1005年） 三年（1006年） 六年（1009年）	六月皇宫烧毁 十月还御新造皇宫 十一月皇宫烧毁 十月还御新造皇宫 十一月皇宫烧毁 三月还御一条院 十月一条院皇宫烧毁
三　条	八年（1011年） 长和三年（1014年） 四年（1015年）	八月还御新造皇宫 二月皇宫烧毁 九月还御新造皇宫 十一月皇宫烧毁
后一条	长和五年（1016年） 宽仁二年（1018年）	六月还御新造一条院 四月还御新造皇宫

续表

后朱雀	长历三年（1039年）	六月皇宫烧毁
	长久元年（1040年）	九月京极皇宫烧毁
	二年（1041年）	十二月还御新造皇宫
	三年（1042年）	十二月皇宫烧毁
	四年（1043年）	三月还御一条院、十二月一条院皇宫烧毁
后冷泉	宽德二年（1045年）	十二月还御太政官朝所
	永承元年（1046年）	二月太政官朝所烧毁
		十月还幸新造皇宫
	三年（1048年）	十一月皇宫烧毁
	天喜元年（1053年）	七月还御高阳院
	二年（1054年）	一月高阳院皇宫烧毁
		九月还御京极院
		十二月京极院皇宫烧毁
	四年（1056年）	二月还御新造一条院
	康平元年（1058年）	二月新造皇宫烧毁
	二年（1059年）	一月一条院皇宫烧毁
后三条	治历四年（1068年）	九月还御二条第
		十二月二条皇宫烧毁
	延久三年（1071年）	八月还御新造皇宫

注：从960年皇宫初次全部被烧毁到1068年之间的大约一个世纪里，皇宫被烧毁了21次，几乎每5年就被烧毁1次。每次皇宫重建的经费都由诸国分摊，可谓是巨大的出资。

（3）这一条与（2）互为表里关系，院政时期年幼的天皇相继即位，其出生成长的内里皇居便被作为皇居使用。

基于上述情况，当原来的皇宫在镰仓初期嘉禄三年（1227年）四月的火灾中被烧毁以后，就没有再重建。内里皇居自然而然变成了正式的皇宫。镰仓前期闲院①主要被用来作为皇宫，正元元年（1259年）五月闲院被烧毁以后，经过一段时期的辗转，元弘元年（1331年）九月，光严天皇时东洞院土御门殿作为皇居被固定下来，并成为之后的主要皇居。这就是现在京都御所的前身。由最初只有一町（120米）见方的大小扩展到大约11万平方米的规模是在江户时代以后。

源赖朝的奉公

文治五年（1189年），也就是距平家在坛浦之战②中灭亡4年之后，这一年的二月，后白河院向镰仓的源赖朝下达院旨，命令修建皇宫。当时的皇宫在闲院（院御所是六条殿），源赖朝回复如下：

> 无论是修缮闲院（皇宫），还是管理六条殿（院御所），我都将赴任，绝不推辞。无论是皇家大事还是御所杂事，请尽管吩咐赖朝我。

据说当时各地的庄园数量与日俱增，国衙③支配的领地不断减少，源赖朝认为让诸国分摊修缮皇宫的费用，靠受领的力量无法实

---

① 闲院：藤原冬嗣的府邸。
② 坛浦之战：又称"坛之浦合战"。发生于日本平安时代末期，是源平合战的关键战役之一。
③ 国衙：指日本律令制下各国国司处理政务的办公处。

现，于是承诺由知行国[①]八国（所谓的关东御分国）负担经费。源赖朝由于在源平之战中的功绩，被授予八国的知行国（一国租税的一部分上交知行国主的制度），这一点与其他公卿并无区别。源赖朝所谓的负担经费，实际上是从八国知行国支出，并不是由个人负担。但是，之前修缮与建造皇宫的相关经费由诸国分摊的形式以此为契机开始由转为镰仓殿源赖朝——武家专门承担，这一模式的形成非常重要。

不仅是建造皇宫，室町幕府于应安四年（1371年）十一月，在后圆融天皇即位大典之际，向京城内外的高利贷者征收钱财，向诸国征收段钱[②]作为即位大典的费用，形成了朝廷所需经费都由幕府筹措调度的模式。

这样一来，就形成了由具有压倒性实力的武士—幕府来支撑没有政治实力与经济实力的朝廷——天皇公卿的局面。换句话说，即产生了权威（天皇）与权力（将军）的互补关系。

皇位继承的两大原则

但是，回顾日本的历史，就会发现权威与权力的分化及互补关系的产生可以追溯到镰仓时代以前。这种关系产生的重要契机是持

---

① 知行国：主要指日本院政时期授权特定的皇族、公卿、寺院和神社等，推荐国守（地方长官）并使其取得俸禄及其他各种收入的制度。
② 段钱：是日本中世临时征收的租税之一。每逢营造皇宫、神社和佛寺时，朝廷和幕府便以土地面积段为单位征收。战国大名将它定为惯例，以作为统治领国的财源。

统天皇在皇位继承方面采取的措施。此处不做深入论述，但我认为这是理解日本文化的基础，因此稍作介绍。

先来看下面的持统女帝关系略年表。天武天皇去世时，皇太子草壁皇子已经25岁，应该可以马上即位，但不知为何却没有即位，而是直接由他的母亲——曾经的天武皇后鸬野赞良"称制"（指非正式即位，代行天皇权利）。但是，3年后草壁皇子病死，新年正月，鸬野赞良正式即位，这就是持统女帝。我们应该如何解读这短短几年内发生的一连串事情呢？

持统女帝关系略年表

时间	年号	事件
686年	朱鸟一年	九月天武天皇去世（56岁？），这一年，皇太子草壁皇子25岁 九月皇后鸬野赞良称制
687年	持统一年	
688年	二年	
689年	三年	四月草壁皇子去世（28岁）
690年	四年	一月皇后即位（持统天皇），这一年，轻皇子8岁
697年	文武一年	八月持统天皇让位，轻皇子被立为太子、即位（15岁，文武天皇）
702年	大宝二年	十二月持统太上天皇去世（58岁）

注：虽然只是短短几年中的几件事情，但此表中包含了使后来的皇位继承以及王权存在方式发生改变的重大事件。

（1）天武天皇去世后，马上由皇后执政，暗示了从一开始草壁就无法即位是事出有因的。

（2）皇后先是称制，草壁死后才正式即位，暗示了之前的称制不过是权宜之计。

从上述内容，我（也参考其他资料）得出如下结论：

（a）皇太子草壁没能即位，是因为还没有到30岁的"即位年龄"。

（b）皇后没有正式即位而采取称制的方式，是因为天皇一旦即位，直到去世都要在位，生前不能让位。

我认为上述（a）与（b）是古代皇位继承的两大原则。这原本是为了统率豪族而赋予天皇的条件，是不成文的规定。持统之所以称制，是因为想再等5年，直到草壁30岁。但至关重要的草壁却在3年后去世了，持统的这一计划中途夭折。

这样一来，对于迫不得已即位的持统女帝来说，剩下的问题就是让孙子（草壁皇子之子）轻皇子尽早即位。于是，持统女帝采取的方式是让位于当时年仅15岁的轻皇子——文武天皇。也就是说，持统女帝打破了皇位继承中不让位和年少不即位的两大原则。协助持统完成这一超法规措施的是藤原不比等，藤原氏以此为契机，其权势开始侵入宫廷社会。

开始于持统天皇的让位成为惯例，加上天皇年少即位，使之后天皇的存在形式发生了很大改变，形成如下结构：即日本的王权中天皇与太上天皇（上皇）同时存在，天皇作为表面的、神圣的形式继续存在，上皇则拥有王权，作为实质的、世俗的存在支撑着天皇。而且重要的是，事实上，初期上皇的地位不仅被之后的摄政、关白、上皇（院）等各个时期的政权主宰者所继承，而且中世以后，武家

（将军）开始担任这一角色。可以说随着王权分化为权威与权力，产生了二者相辅相成的关系——王权的柔性结构。从平安末期至镰仓时期，宫城中的官厅几乎都被废弃，失去统治全国手段的天皇公卿之所以能够继续存在，实际上是因为通常被认为处于敌对关系的武家在根本上支撑着天皇公卿。这也是日本王权之后得以长久存在的最主要原因。

武家的皇宫建造

由织田信长等统治者反复进行的皇宫建造，使始于源赖朝、由武家进行的皇宫建造以最明确的形式展现在世人面前。

永禄十一年（1568年）九月，织田信长支持足利义昭上京，这是为了称霸天下而采取的行动，织田信长上京的目的之一是父亲信秀与人约定要建造皇宫，信长迅速着手并完成了皇宫（永禄度皇宫）的建造。丰臣秀吉将织田信长修建的皇宫拆除转卖给各地，并重建皇宫——天正度皇宫。然而，德川家康又将其拆除转卖后重新建造了庆长度皇宫。皇宫之后又被德川家光拆除重建，即宽永度皇宫。在这以后，只有当皇宫被烧毁时才重新建造。顺便提一下，现在的天皇御所是幕末皇宫被烧毁之后由江户幕府重建的。

为什么织田信长等人如此执着于重建皇宫呢？他们不过是想通过对朝廷施加恩威来粉饰自己的权力罢了。

也许再也找不到像皇宫这样把权威与权力的关系如此完美结合在一起的地方了。

皇宫后事

话题涉及至幕末,为了说明皇宫的情况,我们也必须讲一下林立在皇宫周围的"公卿町"。现在"京都御苑"的大部分地方都是树木、草坪、石子路。明治初期以前,公卿宅邸围绕天皇御所修建,于是这里被叫作"公卿町",这始于丰臣秀吉为了改造京都而实施的应对朝廷公卿的策略。这一策略具有统治与保护公卿的两面性,基本政策被江户幕府继承。提到幕府,非常有名的是元和元年(1615年)出台了"禁中及公卿诸法令",法令内容是禁止天皇公卿介入政治,命令其专心于学问和艺术。可以说将这一法令具体形式化的正是公卿町的建立。中世只有一町(120米)见方的皇宫被扩充到今天的规模是18世纪初的事情,这完全是由江户幕府支持建成的。

但是,公卿町后来成为一座空城,是明治二年(1869年)迁都东京的结果。迁都这件事情在古代频繁进行,每次贵族们都移居新都,废弃旧都。如果是在古代,估计京都也肯定会沦为废墟,但由于移居东京的只有公卿以及御所的相关人员,因此江户时代人口超过35万人的京都才没有衰亡。

成为空城的公卿町废墟在明治十年代(1877—1886年)以后被整修完善,这就是现在的京都御苑。御苑内市民可以自由通行。这里虽然与古代平安京居民"沿内大道"通行的地方(宫城)有所不同,但请一边追忆日本的深层历史,一边信步而行吧。

第10章 · 品茶会与连歌会

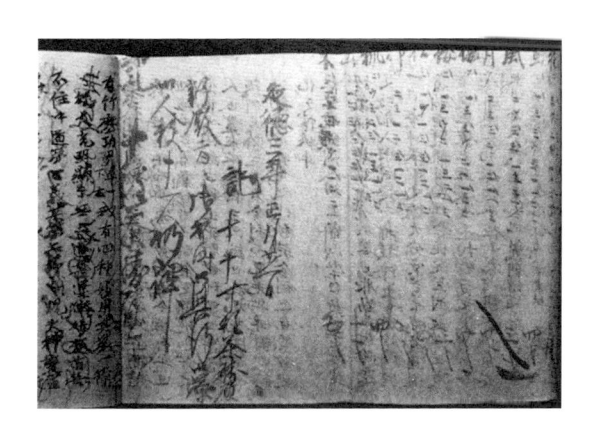

四种十盏茶竞技记录

这是时期稍晚一些的延德三年（1491年），也就是足利义政去世后第二年的记录，但却是典型的茶竞技计分表。从跋文中可以推知此次茶竞技进行了三轮比赛（此图为第三次的计分表），是三十盏茶竞技记录。[岩国市，吉川史料馆藏]

棋子茶的故乡

四国的山村中流传着一种叫做"棋子茶"的古老的茶叶制作方法。二十多年前我去当地——高知县长冈郡大丰町考察时,眺望远处可以看见的小山村中就有制作这种茶叶的工艺。

当地采茶时节是在七月末,此时茶叶已经相对较老了,将采来的茶叶塞满大桶(底部有通蒸汽的箅子),然后放在锅上蒸,等茶叶变软后,摊开放在屋内的混凝土地面上,盖上草席放置一个星期。我去当地考察时正值这一时期,屋内弥漫的异味,是茶叶正在发酵的证明。

接下来,将发酵后的茶叶塞满有底的大桶,上面压上重重的石头。这就像是茶叶的腌制物。时机合适时,将茶叶从桶中取出,捡出杂物后,用小桶再次压制,等水分没了的时候再拿出来,会发现已经形成了几层厚度约几毫米的茶叶层,用专用刀具将茶叶切成边长二三厘米的大小,铺在院子里的草席上晒干,就变成了像棋子那样的黑褐色固体茶。

由此可见，棋子茶形状虽小，却是"团茶"的一种。据说曾经出现在韩国的"钱茶"大概就是在类似这种棋子茶中间打孔的团茶之一，并将绳子穿入孔中保存。棋子茶可能起源于钱茶。在团茶中，这些茶是形状最小的，还有呈年糕团、蘑菇、砖块等形态各异的团茶。

团茶与抹茶

之所以从介绍棋子茶开始，并无他意。因为日本饮茶的历史最晚开始于 9 世纪初期，这一时期的茶都是这种唐风的团茶。一般认为平安初期，嵯峨天皇与贵族僧侣饮用的就是团茶，平安中期菅原道真在大宰府[①]的流放地饮用的茶也是团茶。

不过，团茶实际饮用时需要用茶碾（像药碾那样的石碾）将适量的茶研成粉末，然后放入茶壶中用热水煎制后饮用。这就是团茶又被称为"煎茶"的原因。说到煎茶，我们想到的是江户时代普及并改良后发展成现在人们日常所饮用的煎茶，是在茶叶中加入热水，饮用茶叶的精华，与团茶相似却不相同。不同之处在于，团茶的煎茶是在热水中加入盐、生姜等调味后饮用的。

顺便提一下，在煎茶汁中放入酥油，搅拌后就变成了所谓的酥

---

① 大宰府：是日本律令制下，设于筑前国筑紫郡的地方官厅。主要掌管九州的九国二岛的行政工作、接待外国使节、守卫沿岸和管理与中国之间的商船贸易等事务。

油茶，在游牧社会中被作为重要的营养补给来源，现在仍然被广泛饮用。下页的照片是在棋子茶参观前后，我与其他研究人员一起访问印度阿萨姆与尼泊尔等地时，在一座喇嘛教寺院的厨房中参观制作酥油茶的情景。我品尝了那里的酥油茶，漂着油花的茶色液体有种咸或者说难以形容的味道，我一口气喝完了，我们之中也有人只尝了一口就不再喝了。

话题扯到了尼泊尔。在13世纪的镰仓初期[①]，荣西[②]将抹茶从南宋传入日本以后，抹茶开始取代这种团茶被饮用。抹茶是指将采来的茶叶蒸制后，再把干燥的茶叶用茶臼碾成微粒粉末。采用这种制法以后，保存茶叶的茶叶罐和茶臼都变得必不可少，另外用来点茶的茶筅成为抹茶的象征道具。

有关荣西传入抹茶（法）的确切证据是其著作《吃茶养生记》中的记载——"茶的制作方法"（上卷）与"茶的饮用方法"（下卷）都与抹茶（法）相符，而且据他的记录中所说这些内容都是自己在宋朝亲眼所见。抹茶（法）在中国始于宋代，因此在荣西之前入宋的僧侣中，应该也有人带回抹茶（实物）并传入饮用方法的吧。但是我不认为他们将抹茶的制作工艺也传入了日本。技术转移一直等

[①] 镰仓初期：镰仓时代，日本历史中以镰仓为全国政治中心的武家政权时代，从公元1185年到公元1333年。

[②] 荣西(1141—1215年)：字明庵，又号叶上房，俗姓贺阳，14岁落发为僧，在比睿山修天台密教，后两次入宋留学，从中国带回茶树种子，鼓励在日本栽培。荣西禅师是临济宗的开山祖师，又是日本茶叶的始祖。他在佛教史和茶史上都占有重要地位，被誉为日本的茶祖。

制作酥油茶

这是在尼泊尔喇嘛教寺院的厨房中拍摄的照片。一位年轻人在圆筒形的茶具中放入煎好的茶,加入酥油后正在搅拌,这样咸酥油茶就做好了。站在旁边的男子手中拿的是蘑菇形团茶。他们将这种团茶研成粉末后煎制,而在日本则放入盐、生姜等调味后饮用。

到荣西出现以后才得以实现。

《吃茶养生记》是荣西引用中国的文献,说明茶的功效、名称、采摘方法、制作工艺等的书籍,正如篇首的古文——"茶者,末代养生之仙药也,人伦延龄之妙术也"所称颂的那样,据说饮茶对人的五脏之中喜好苦味的心脏很有好处,可以延年益寿,这是日本最早的茶书。顺便说句题外话，《吃茶养生记》的篇首古文与中国唐代陆羽所著的《茶经》开篇，即"茶者，南方（来的）之嘉木（好树木）也"都是有关茶的重要语句，记住这些语句是不会有坏处的。另外，《吃茶养生记》的下卷中除了有一处写茶的饮用方法之外，实际上主要介绍了桑叶的功效、食用方法、饮用方法等，也就是说《吃茶养生记》不仅仅是一本茶书。

在宋代，茶汤与各种药汤似乎都是日常饮品，也是招待客人的饮品。其中因为桑叶被认为对当时多发的脚气等疾病具有很好的疗效，所以荣西才想介绍给日本人吧。这是此书又被称为《茶桑经》（"经"源自《茶经》）的原因。当然，书中还没有提到饮茶的精神理念，例如"茶禅一味"之类的观念。

茶竞技的普及

具有上述特征的抹茶（法）大约在镰仓时代得到普及，各地开始了茶叶的栽培。根据文献记载，不仅寺院有茶园，农村也出现了茶园，镰仓末期开始征收茶年贡与茶赋税也是茶叶普及的体现。其中京都栂尾的高山寺茶，据说是华严宗中兴之祖明惠将其从荣西那里得到的茶籽种在高山上，茶籽吸收地气产出了好茶，因此被称为"本茶"，其他地方所产的茶被称为"非茶"（茶而非茶），以示区别。这是镰仓后期的事情。

于是就出现了几个人聚在一起，品鉴茶是"本茶"还是"非茶"的"茶竞技"比赛。这种比赛也称为"斗茶"，与传统的中国

两种茶竞技记录（上）（下）

图（上）是早期——镰仓至南北朝时期举行的本非十种茶竞技的记录，是将本茶（栂尾高山寺的茶）与非茶（其他产地的茶）各饮五种进行鉴别的竞技。注有合点（＾）的是判断正确的。

图（下）是将竞技内容复杂化的四种十盏茶竞技的记录。与"一、二、三"种茶各饮三盏相对，只饮一盏且在正式开始之前没有试饮的被称为"客茶"，略记为"ウ"（客的宝盖头）。图中全部品鉴无误的"山"氏是行家里手吧。（上）是《祇园社家记录》的纸背文书[1]，（下）是《元亨释书（吉川家本）》的纸背文书。

---

[1] 纸背文书：指写于公文纸本古籍纸背的原始文献。

本非十种

	丰々三祐日 (或者是目)	信大々祐信	
唐	非非非非本	本本非本非	五
大	非本非本本	本非本非本	四
目	非本本本本	本非本本非	七
三	本非本本非	本非本本本	七
信	本本非本非	本本非本本	六
丰	非本非非本	本本非本本	四
良	本非非本本	本本本非本	八
□ (可能是祐)	非非本本本	本非本本本	七
备	本非本非本	非本本非本	八

	二一二三三三二一一ウ	
花	二三ウ二三一一二一三	三种
鸟	二一三三ウ三一一二三	四〃
风	一二ウ三三一三一二二	三〃
月	ウ三三二二一一一二三	四〃
梅	二三三ウ二一三二二二	四〃
樱	二一三ウ二一三二一三	三〃
松	二一ウ一三三二一一一	五〃
竹	ウ三三一二二二一二三	二〃
枫	二ウ三三二二一三二三	四〃
山	二一三三三二一一一ウ	十〃
木	二一三三三ウ一一二二	五〃

延德三年正月二十一日
　　记十十十种茶竞技
新殿方御出时御兴行御茶
御人数十一人仍如例
　　十种茶竞技
(松行一和三的记载有误)

斗茶——比较各自带来茶叶品质的优劣（在日本斗草、斗歌等竞技比赛也是如此）不同，日本中世流行的斗茶重点在于鉴别茶的品种、产地，二者相似却不同。这也是茶竞技的叫法更为普遍的原因。

位于广岛县福山市的草户千轩遗址，作为芦田川河口的中世港町遗址非常有名，在众多出土物品中，有一种两端写有"本""非"的木牌，可知在这里也举行过"茶竞技"。一般都是在驹形的小木牌上写上"本"或"非"（本·非），而左上图这种木牌比较少见。大概是在品尝端来的茶之后，如果判断为本茶，就插示"本"，如果品鉴为非茶，就插示"非"，由此可以推知"茶竞技"的气氛。"茶竞技"以本茶、非茶各饮五盏的"本非十盏茶竞技"为代表，还设计有各种形式，最终固定为三种茶（事先进行试饮）各饮三盏与客茶（没有试饮就正式开始）只饮一盏的"四种十盏茶竞技"的形式。上页图中列举了具体事例。

婆娑罗的品茶会

从上文可知，"茶竞技"是由很多人聚在一起进行的，因此也被称为品茶会。

> 茶香十炷集会始自镰仓，京城愈倍增。
> 处处皆行连歌会，人人皆为评点员。

上文是有名的"二条河原落书①"（也叫落首）中的一部分。意思是说十种茶竞技的品茶会以及与茶竞技方式相同的香竞技——十炷（种）香、闻香——不仅在镰仓，在建武政治下的京都也很盛行，"（和）歌连歌"也是同样的趋势。不过，关于茶竞技、闻香会是从镰仓传到京都的这一说法值得怀疑，我的观点恰恰相反。毕竟"落书"的作者（不详）始终是站在批判关东武士的立场上，因此会将不好的事情都归结为镰仓。

公武混在的建武政治崩溃以后，足利尊氏在京都设立幕府，许多武士都开始在京都居住。京都自古就是公卿的城市，但中世的京都武士远多于公卿，与中世文化的形成有着密切关系。

这就是《太平记》等书中写的"在京大名"，最具代表的是近江的守护大名佐佐木道誉。道誉是足利尊氏的重臣，因为在三条京极建造宅邸，也被称为京极道誉。道誉对所有文艺都有兴趣和涉猎，成为在京大名们的领袖，多次举办茶会、连歌会等。"又在都以佐佐木佐渡判官道誉为首，在京之大名，结众始为茶会，日日集会，极尽奢侈……"（《太平记》卷三十三）。而且在茶会当中，"我宿所，设七处茶室，备七局斗茶，积七百种博彩，饮七十盏本非茶。"（卷三十六）"饮百服之本非，博彩如山堆积。"（卷三十九）这里所说的七十盏、百盏的本非茶竞技，并不是说很短时间内将本茶、非茶

---

① 二条河原落书：二条河原的打油诗。日本建武中兴时期，出现于京都二条河原的讽刺诗、打油诗。以歌谣形式讽刺建武新政权所造成的社会和风俗的混乱。

七十盏或一百盏一饮而尽,而是将本非十盏茶竞技反复进行七次或十次,尽管如此,这仍是穷奢极侈的茶会。当时,人们把这种浮华奢侈的事情称为"婆娑罗"。婆娑罗是指"过分奢侈"的意思,含有与身份不符、以下犯上的行为举止的意思。正因如此,像佐佐木道誉那样积蓄巨额博彩的品茶会与连歌会才被作为"群饮逸游"的代表而被禁止(《建武式目》第二条),不过禁止当然是没有效果的,直到两百年后"茶道"出现为止。

连歌会的盛行

下面再来看一下与品茶会同时兴起的连歌会。

连歌会是由和歌派生的,在中世比和歌会还要流行。连歌不仅是公卿、也是优秀武士不可缺少的素养。因此,连歌的世界出现了以指导连歌为生的"宗匠"。连歌在第一句(发句)之后,继续连第二句(胁句)、第三句、第四句,这样一直连下去(其间需要遵循规则),如果是千句连歌的话,那么第一千句就被称为末句。同座的连歌创作者通常五六人到十人左右。"无言以对""到头来"等惯用语就是在这种连歌的普及过程中演变成了日常用语。

奈良县山边郡染田(室生村)村落中,现在仍然有个天神连歌堂,该建筑物是江户时代建造的。开始于南北朝时代,盛行于室町时代,延续到江户时代,连歌怀纸、连歌会上使用的天神名号、几案以及其他物品等基本资料都被流传了下来,这里至今还保留着被称为"山中"的大和国东部山间地带土豪之间流传的连歌会的样子,十分珍贵。

染田天神连歌堂

据说此连歌堂是南北朝贞治二年（1363年），由当地土豪多田顺实建造的，连歌会的盛行也开始于这一时期。室内设有祭坛、天神名号、几案、怀纸等，可以推知中世庶民之间广为流传的连歌会的样子。现在的建筑物是江户时代建造的，因改用铁板屋顶，失去了当时的意境。

品茶会与连歌会的共同点是如字面意思的"集会性"。连歌之所以经常被称为"座席的文学"，是因为它不是由一个人来完成的，而是由在座者，也就是几个人聚在一起共同创作的。因此，指导众连歌者的宗匠的作用就在于让连歌创作者放松心情，营造出一种能够吟咏出好句的氛围。

然而，获胜者赢得博彩的茶竞技自不必说，即使是连歌会，与其说是纯粹的文学创作行为，不如说其中还含有许多娱乐性的元素。从上文所述的染田天神连歌会也可以想到，用餐环节是最令人期待的。虽然人们在创作连句时会在意彼此创作的好坏，但在用餐时气氛又会很融洽。因此，"座席的文学"发挥了提高集会人们连带意识的作用。"座席的文学"其特征集中体现在所谓的"即席性"——同坐一席、共有时间与空间的人际关系与意识。

个人的文学·座席的文学

据说有四位爱好连歌的外国人，在巴黎的宾馆里五天闭门不出，尝试连歌的创作。参加者有埃多奥多·桑归内提（意大利）、查尔斯·托姆林森（英国）、雅克·鲁博（法国）以及奥克塔维奥·帕斯（墨西哥）。

下文引用的是帕斯当时的亲身体会（桥本纲译、大冈信《书走出书架的时候》所收）。

——羞耻感。我在其他人面前写作，其他人在我面前写作。这是什么感觉呢？就好像在咖啡吧里赤裸，在外国人面前如厕、哭泣一样的感觉。日本人以在众人面前裸浴同样的理由、同样的方式想出了"连歌"。对于我们来说，无论是浴室还是写作的房间都是密闭的私人空间，一个人进入那里，依次进行着自己不太能夸耀的，或是辉煌的写作……

帕斯虽然是比日本人还要精通日本文学的外国人，但却感到没有比举行连歌会让人更加羞愧的事情，就如同在公众面前赤裸一样。这应该如何理解呢？

在上述引文的下一段，他说出了答案。也就是说，对于外国人来说，文学创作是纯粹个人的事情，是私人空间中的行为。这无疑是"个人的文学"，可以说个人的文学是将完成的作品公布于世的结果文学。与此相对，座席的文学、集会的文学可以说是过程文学。其意义在于创作诗句，承接他人的诗句，是在与他人的关系之上才能成立的。关于与连歌具有同样性质的俳席[①]，松尾芭蕉曾说，如果撤下几案，它就如同废纸一般。也就是说在撤下几案、收拾整理，即在宴会结束之前俳席是有生命的，可见其中重视的是在座者之间的人际关系。

实际上，比上述连歌会、俳席更加重视这种即席性人际关系的是在这一时期还没有形成的"茶道"世界。16世纪后半期，茶道中形成了"一座建立""一期一会"的观念高于一切，我在后文再作论述。而且，如果考虑到茶道形成时期的茶人村田珠光、武野绍鸥等都与连歌有着密切关系，正是因为吸收了连歌的审美意识，才确立了茶道的独立性。那么可以说连歌对茶道以及其他文艺、艺能[②]产生的影响之大，是如何评价都不为过的。

茶道是在南北朝、室町时代的品茶会时代结束之后形成的。

---

① 俳席：创作俳句的聚会。
② 艺能：艺术与技能的泛称。

第11章 · 众人爱敬与贵人赏玩

观世能

此图是日本国立历史民俗博物馆藏《洛中洛外图屏风》中描绘的鸭川边的能乐舞台。鸭川在江户中期的护岸工程建设之前，左右两边河滩宽阔，特别是沿三条、四条河滩围建了戏棚等各种艺能表演的简易建筑，成为娱乐场所。能乐也是其中之一，简朴的构造中可见初期能乐舞台的样子。

多样的中世艺能

世阿弥①出现的南北朝、室町初期是艺能之花盛开的时期。现将当时记录中出现的包括文艺、游戏之类的事物列举如下：

田乐、猿乐、狂言、雅乐、狮子舞、曲舞、放下②、品玉③、手傀儡、轮鼓、松拍子④、千寿万岁⑤、早歌、今样、念佛踊、平曲、绘解、琵琶、和歌、连歌、和汉连句、茶会、花会（七夕法乐）、贝覆⑥、文

---

① 世阿弥：日本室町初期的能乐演员、能乐作者。
② 放下：日本中世至近世在街头表演的魔术、杂技等。
③ 品玉：抛接球、刀、枪等物品的杂耍。
④ 松拍子：中世，在正月进行的风俗活动。町人村民结对串访豪门势家，边歌边舞表示祝贺。后演变成猿乐太夫在将军家等处演唱。
⑤ 千寿万岁：中世，在正月法师挨家挨户拜访，庆祝家族繁荣，一边说着祝福语一边跳舞的艺术。
⑥ 贝覆：始于平安末期的一种游戏，将一组360个蛤壳分为底贝和出贝，以两者相合数多者为胜。

字合①、相扑、三球杖②、斗鸡、双六③、博弈等。

仔细查阅的话，一定还有很多，现在已经绝迹的也有不少。这一时期兴起的城乡交流中，不仅在京城——京都自不必说，而且在乡下——地方也能够享受多种多样的文娱活动。

提到城乡交流，最集中的体现仍然是京都。特别是在镰仓时代，曾经只属于六波罗探题④（南、北）的在京御家人武士，在建武政权建立（以及崩溃）、足利幕府成立等政治军事的变革中，大举进入京城，并定居在京都。京都本是公卿的城市，但在中世，居住的武士远多于公卿，与此相应，以地方为据点的武士将地方文化带到京都或者将京都文化传到地方。当然，也不能忽视在城乡之间"游走谋生"的连歌师、琵琶法师的作用。连歌师们在我们今天所说的信息传递方面也起到了一定作用。这就是在考察日本文化时室町至战国时期受到重视的原因，关于这一点接下来我会提及。

顺便提一下，被认为批判讽刺了建武政治下社会面貌的"二条河原落书"，如果你仔细阅读就会发现，其批判的主要对象是关东武士，它对关东武士进行了彻头彻尾的讽刺。上文也提到，从来没有哪个时期有这么多关东武士出现在京都，因此京都人——落书的作

---

① 文字合：将汉字分解为偏旁部首写在牌子上再进行拼合组字的游戏。
② 三球杖：焚烧新年装饰物的驱邪仪式。
③ 双六：盘上各置15枚棋子，一方为白，一方为黑，通过从筒里摇出的两枚骰子的点数来行棋，全部棋子先进入敌阵一方为胜。
④ 六波罗探题：是日本镰仓幕府的官职。以承久之乱为契机，设于京都六波罗地区，负责处理尾张（今爱知县）以西诸国的诉讼和军政事务。

者（不详）不可能对这一现象熟视无睹。

多才多艺的艺人

既然存在多种多样的艺能，那么出现擅长多种文艺的多才多艺之人也就不足为奇。

例如顿阿弥。应永七年（1400年）七月，信浓守护小笠原长秀到信浓国赴任时，一行人中有位名叫顿阿弥的遁世者打头阵随行，此人是京城中的名人，向侍从周阿弥学习古样连歌，向诹访显阿、会田弹正两流派学习早歌，向古山珠阿弥学习物语，顿阿弥的口才与博学甚至超过了他的师傅们。他忽然起舞，在场的人们会兴致盎然；他放声歌唱，在场的人们会捧腹大笑。真是有趣至极的风采，无法用语言形容，也不必评判。据说当时演出的装扮都以顿阿弥为样板（《大塔物语》），可见他确实是一位多才多艺的人物。武将通过与这些艺人同行来缓解紧张情绪，打发无聊时间。

室町将军家里的艺人也并不逊色。例如，永享八年（1436年）正月，一位名叫藤寿的艺人与石阿一起被召集到将军府邸，根据当时的记载（《看闻日记》），"艺者藤寿时年七十有余，乃已故鹿苑院殿（义满）'赏玩'之连歌师也。"据说藤寿当日穿戴乌帽子、水干[①]、大口绔，腰间佩带八拨（羯鼓）进行表演。首先吹尺八，唱

[①] 水干：日本"狩衣"礼物的一种，衣领部有两根长带，穿着时将带系上。以下摆掖入和服裙裤中为特征。

一声①（杂子），打八拨，鸣小切子（表演出乐、放下等的僧装艺人使用的道具。在竹筒中放入红小豆，使其发出声响），载歌载舞咏唱小歌，接下来表演白拍子，然后讲说《平家物语》，最后唱早歌。藤寿虽说是连歌师，但与上文提到的顿阿弥一样，也是位多才多艺的人物，从他擅长的这些文艺种类来看，几乎囊括了中世艺能表演艺术的全部内容。

得到将军足利义满"赏玩"的艺人除了藤寿之外，还有名叫琳阿弥、南阿弥的遁世者。前者琳阿弥就是出现在世阿弥著作中的"玉林"。将琳字拆开，是"王（玉）"和"林"，也就是"玉林"，"玉林"可能是作为别名使用的。然而，据说这位"玉林"有一次遭到足利义满的责罚被流放到东国②，他将自己的心情写成一篇唱词（"下东国"），寄给同僚南阿弥。于是，南阿弥为这首词谱曲让世阿弥咏唱，足利义满听后深受感动，原谅并召回了"玉林"。

据说这位南阿弥本是关东武士，丧妻之后来到京都，剃度出家，法名"南阿弥陀佛"，由于精通和歌、连歌、音曲（曲舞）等，因此与大名高家③比较亲近，是闻名京城的遁世者（《猿源氏草子》）。猿乐能的观阿弥、世阿弥父子以应安七年（1374 年）在今熊野社表演能乐为契机，得到足利义满的喜爱也是因为南阿弥的引荐。观阿弥

---

① 一声：能乐谣曲的构成部分之一，人物出场时或舞蹈之后唱的七五调谣曲，表现该处的景色、自己的心情等。
② 东国：日本对畿内以东诸地区的称呼。畿内指日本古代京都附近的地方。
③ 高家：江户幕府的职务名，位在大名之下，主要执掌仪式、典礼，特别是作为御史前往京都以及接待敕使等，负责办理与朝廷之间的礼宾事宜。

借鉴曲舞系谣曲，与以往以旋律为主的小歌节谣曲作比，创作出以节奏为主的新的小歌节谣曲，其中南阿弥发挥的作用很大。

上文介绍了这一时期多种多样的艺能以及擅长这些艺能的艺人，我想大家已经知道观阿弥、世阿弥父子也是近侍将军家的艺人之一。而且这对父子特别是世阿弥的艺术是在近侍将军家中培养起来的，但正因为如此，世阿弥日后不得不过着荣耀与辛酸并存的日子。

众人爱敬

世阿弥随侍将军足利义满后不久，公卿二条良基由于不能忘怀曾有一面之缘的世阿弥——当时名叫藤若——希望再次见到世阿弥，便写信（摘录如下）恳求尊胜院：

> 藤若如有暇，当复与之同行……己之艺能（猿乐）自不必说，又善蹴鞠、连歌，实非常人也。要之，又容姿消魂夺魄，且坚毅笃实，此名童世间少有……得将军赏玩亦理所当然……

也就是说藤若即世阿弥，在自己的本业猿乐方面自不必说，还擅长蹴鞠、连歌等其他艺能，而且容貌、举止也非常优雅，这样的名童除他之外再无他人。那么，"销魂夺魄""坚毅笃实"说的是怎样的风采呢？上文中说藤若能得到将军足利义满的赏玩是理所当然的，因此作为稚儿①受宠大概也是事实。世阿弥幼年时期名叫鬼夜叉，为其改名为藤若的正是二条良基。二条良基因确立连歌的形式而闻名于世，是当时一流的公卿，能够让二条良基痴迷说明世阿弥具有真才实学。这封信被作为世阿弥的相关史料公布于世时，引起了人们的关注。

但是，世人对世阿弥的看法，人们一直参考的是洞院公忠的日记（《后愚昧记》永和四年（1378年）六月七日条）中的记载。在看台上观看祇园祭前祭彩车游行的将军足利义满，让大和猿乐艺人世阿弥在身旁随侍，递送酒器。

　　如此散乐（猿乐）者乞食所行也。而赏玩近仕之条，世以倾奇之……

虽说带有半分嫉妒，但这里将猿乐蔑视为乞食者的行当，并批评将军宠爱世阿弥的行为。同样是公卿，对世阿弥的评价差距如此之大，真让人吃惊。也许可以说这才是一般的共识吧。

世阿弥之所以如此出色，在于他没有沉溺于足利义满的宠爱，而是和父亲一起勤勉精进艺术。但是，我认为少年时代就开始得到足利义满宠爱的经历，在世阿弥后来的人格形成过程中，使他与足利义满之间的关系变得微妙。

此外，让世阿弥对未来产生不安的还有近江猿乐名人犬王的存

---

① 稚儿：(寺院、朝廷里的) 童仆，(侍奉武士等的) 少年，社会特有的男风风俗。

在。犬王被足利义满授予道阿弥的称号，其中"道"取自义满的道号（"道义"），这与同样由足利义满授予的观阿弥、世阿弥的称号相比分量要重得多。虽然不清楚世阿弥与犬王的地位是什么时候发生了逆转，但在足利义满还在世的应永十年（1403年）世阿弥所著《风姿花传》中似乎已经可以看出他的悲伤。

《风姿花传》是世阿弥总结父亲观阿弥教诲的著作，其中不仅穿插有"不忘初心""秘则为花"等名句，其明确的猿乐观、艺能论也非常吸引我。其中"此艺以众人爱敬为一座建立之寿福"这句话可以说是对广大艺人的教诲也不为过。也就是说，猿乐艺能重要的是得到多数人的理解，这非常重要，是使一个团体成立并维持下去的根本，因此父亲观阿弥即使是在偏远的地方、乡下、山村，也非常重视结合当地的风俗进行表演。下面这段话最能强烈表明上述观点。

> 虽得天下认可之主，亦无力于因果，万一有稍衰之时，苟不失乡远褒美之花，则道不遽绝。若道不绝，则有再逢天下之时。

然而，从语气中可以体会到这是世阿弥的叹息。这一时期由于上文提到的近江猿乐犬王道阿弥的得宠，世阿弥的地位受到威胁，与将军足利义满的关系逐渐恶化。正因为如此，上述引文也是世阿弥信念与决心的吐露，即只要有山村、偏远地方人们的赞美（支持），猿乐就不会消失。

消失的山村

然而，在某个时期，偏远地方、乡下、山村的风景从世阿弥的身边消失了，不，更确切地说，是被抹杀了。世阿弥在《花镜》中说道：

> 此功（通过学习提高艺能水平）因住所而变。得名望之事，不可不得京之褒美。其人若在国，居乡，……乃为恶功。嫌之曰"住功"也。

也就是说，要想获得名望就必须得到京城的赞美，如果待在乡下则有害无益。以居住的地方（京城或乡下）决定艺能的好坏称为"住功"。当然，乡下的住功是不好的。

在《风姿花传》（奥仪篇）中说"只要不失去乡下、偏远地方人们的赞美，艺能之路就不会断绝。只要路不断绝，即使暂时名声衰微，也可以东山再起"。如此断言的不是世阿弥吗？同样是世阿弥，在此处却反转，甚至说"必须得到京城的赞美，如果住在家乡，住在乡下的话，艺能就荒废了"。这只能说是一种变节。世阿弥直面的现实是父亲的时代已经过去，大和猿乐被放逐到偏远的地方。世阿弥要直面的问题是从"众人爱敬"转移到了"贵人赏玩"。

实际上，世阿弥不仅与少年时代宠爱自己的将军足利义满的关系并不稳定，足利义满死后成为将军的足利义持喜欢田乐，对田乐名人增阿弥青睐有加，并对猿乐世阿弥漠然置之。但是足利义持在艺能方面是很有眼光的"贵人"。世阿弥的多数著作都是在足利义持的时代创作的，这是世阿弥想赢得足利义持的欣赏，想要创作出猿乐的新理念与艺术风格而努力的轨迹。上文提到的《花镜》中的语句也是写于这一时期。

而且，几乎没有受到人们关注的是，晚年的足利义持的爱好从田乐转移到猿乐——我认为这是御台（夫人）的影响——随之改变了对待世阿弥父子的态度。这体现在足利义持让世阿弥的儿子元雅补任醍醐寺清泷宫的乐头一职，甚至还给定了俸禄。提到清泷宫，这里是值得纪念的地方。观阿弥、世阿弥父子曾经替代其他剧团在这里的佛像前演出了7天，在京都一带颇受好评，以此为契机开始得到将军足利义满的垂青。可以说世阿弥父子又回到了往日的荣耀地位。正因为如此，才更让人同情他们日后的悲惨命运。

世阿弥父子的不幸始于几年后足利义持的去世。足利义持的弟弟足利义教成为将军后，世阿弥父子遭受了接二连三的迫害，这一悲剧这里不再赘述。

花的文艺理论

《风姿花传》过去被称为《花传书》。提到花传书，一般是指十五、十六世纪以京都池坊流为中心展开的立花、立华[①]的世界，具

[①] 立华：花道样式之一，形成于室町幕府末期的立式插花方法，到近世初期由池坊专好等人将其程式化。

体名称有《花王以来的花传书》《专应口传》《仙传抄》等很多种，被编辑成"记立花样（立花方法）之书"（《日葡辞书》），由宗师传授给高徒，从而避免与《风姿花传》混淆。这些花传书一般采取卷轴的形式。

因此，世阿弥的"花传书"即《风姿花传》所说的"花"——不是所谓的"花道"，而是论述作为艺能概念的"花"。或者说，没有人比世阿弥更会论述"花"。

世阿弥的著作中冠以花名的为数不少。以《风姿花传》为代表，还有《花习》《至花道》《花镜》《拾玉得花》《却来花》等。对于世阿弥来说，"花"究竟是什么呢？世阿弥说"此道唯花乃能之生命"（《风姿花传》第三问答条款篇），用一句话说，"花"之道就是令观者感动并使表演具有趣味性、珍奇性，因此对于演员来说，如何巧妙、恰当地把"花"的这种特性表现出来则是最大的课题。

例如，关于"知秘花事"，正如"秘则为花，无秘则无花"所说，世阿弥认为了解其中的道理是花的要诀，各种文艺之所以都有秘诀，是因为秘传才有"大用"（大的功用）。

也许可以说，世阿弥在该书中反复例举花的理论的最终目的在于通过练习与钻研获得"真正之花"。只有获得真正之花，花开与花谢才能按照自己的心意。世阿弥认为知道这一道理非常重要，要做到这一点，重要的是要有穷极各种演技的决心，真正之花才能成为真实之花。关键是通过练习与钻研获得真正之花（真实之花）的时候，演员才能自由地运用所有演技。

这样看来，可以说世阿弥是以"花"作为关键词来说明猿乐或者艺能的本质。因此,"花"只不过是抽象的概念,并不是指具体的、植物的"花"。但是,我并不认为通过"花"来论述的世阿弥的文艺论与实际的花没有关联。

实际上,书中也屡次提到了作为植物的花,特别是在"第七特别篇秘传"中有大量花的元素。开头这样写道:

> 在这个秘传中,要了解能之花,首先,观看植物之花的绽放,从而理解将其他事物现象比喻成花的道理。

也就是说世阿弥认为,花随着季节变化而开放,所以开花时能让人感受到新鲜,因此人们才会赏玩。猿乐也是同样,只有让观众感到新鲜的地方才是有趣的,也就是所谓的花。可见,世阿弥的"花"是从具体的植物之花中构思出来的、抽象化的用语,是通过"花"来阐述的明确的文艺论。

另外,小西甚一指出,"花"这一术语在《风姿花传》中使用超过了130次,世阿弥后来的著作中出现的越来越少,甚至只有几次而已。正如小西氏指出的那样,越到世阿弥后来的著作,在通过禅的思考深化思想的过程中,很难再用具体形象被感知的、如字面般华丽的词语——"花"来进行说明,结果这一术语最终不再被使用。(《世阿弥集》日本思想8)

进入《花传书》的时代

总之,像世阿弥这样对花如此执着的人可以说是"前无古人,后无来者",这与世阿弥生活的时代不无关系。之所以这样说,是因为南北朝时代至室町时代初期,正如七夕法乐花会的盛行一样,人们对花非常关注。关系亲密的人们在用各自带来的花装饰的"花厅"中举行和歌、连歌集会,有关花的礼仪、习俗都非常引人注目。将军足利义满也收到过武家、朝廷送来的花,并将其装饰在府邸中。可以确定,少年时代开始近侍将军家的世阿弥生活在亲近花的环境里。虽然只是推测,但无疑世阿弥在日常生活中也非常喜爱花,对花持有的特殊情感发展成为《风姿花传》及之后作品中寄于花的猿乐论、文艺论。"花道"的历史,从世阿弥的时代以后兴盛起来,经过最初被称为"立花"的时期,发展成为具有成熟理念与构成理论的"立华",期间出现了很多"花传书"。从这个意义上,也可以说世阿弥的花传书——《风姿花传》等作品,在花道的世界中领先一步。

虽然世阿弥本人直到最后也没有抛弃花,但越到后来越"远离花",但之后的能乐世界又回归于花。我对其将"花"的理论与植物之花相结合这一点非常感兴趣。下面的引文是被认为完成于安土桃山时期叫做《(八帖)花传书》的卷五的序文:

此所谓能，以花之真[①]喻大夫[②]，以下草[③]喻役者也。若大夫为一座之大将[④]即花之真，诚宜较下草见有威势。又，宜有自大夫至下草相应之心得。大夫者，若弗习诸艺，止此一道，难为花之真。

上文是以"（花道的）花传书"相继出现过程中形成的花道构成论（创立了"真与下草"的理论，从"立花"发展到"立华"），并以此为基础建立了能乐论，这些都表明"（能乐的）花传书"确实受到了"（花道的）花传书"的影响。

这样一来，世阿弥《风姿花传》等作品中出现的作为抽象概念的"花"，在花道的发展过程中被还原成"（花道的）花传书"中出现的即物的、具体的"花"。虽说作为理论是后退了，但相反其主要原因在于世阿弥的花论本身，进一步说，是日本人崇尚花的自然观使然。

[①] 真"也写作"心"，也被称为"本木"（主干）。
[②] 大夫：能乐中扮演主角的观世、金春、宝生、金刚各流派掌门人的称号。
[③] 下草：位于主干基部的杂草。
[④] 大将：首领，集团的头目。

第12章 · 物数奇的谱系

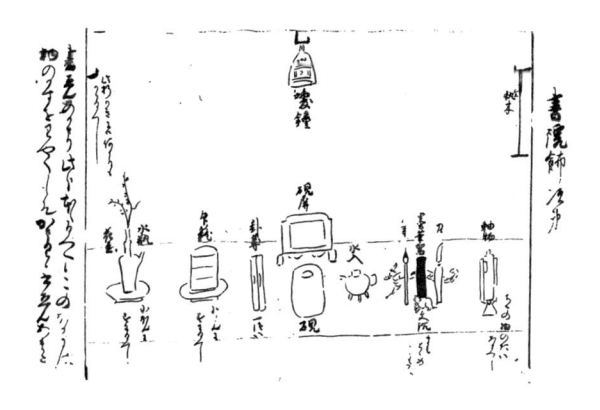

《君台观左右帐记》

这是同朋众①能阿弥、相阿弥等在用唐绘、唐物作为室町幕府殿舍的房间装饰时，根据经验写成的"室礼"书。此图是书院②装饰的部分，用插图表示如何在书院（文案）上放置砚台、砚屏等文具。这种中世的房间装饰成为后来日本人生活美学的基础。[东北大学附属图书馆藏]

---

① 同朋众：室町、江户时代，在将军、大名等身边伺候，负责艺能、茶事，处理杂役等的僧人装束者。
② 书院：指日式建筑设在壁龛旁的固定几案，可作文案使用。

重于生命的茶具

战国时代,在山城国(京都府)至大和国(奈良县)一带活跃着一位名叫松永弹正即松永久秀的武将。他暗杀了当时的将军(足利义辉),夺取了主君三好氏的权力,是践行当时"下克上"①风潮的典型人物。永禄十年(1567年)十月十日,他放火烧毁了自己固守的东大寺大佛殿。顺便说一下,东大寺的重建迟迟没有进展,一直拖到江户时期,在大劝进公庆上人等人的努力下,到元禄五年(1692年)三月大佛的开光仪式才得以举行。但是,大佛殿的落成典礼是在宝永六年(1709年)三月举行的,因此,大佛十几年间都是露天而坐。现在我们看到的大佛殿就是这一时期的建筑。

关于上文提到的松永久秀,流传着这样一段逸闻。天正五年(1577年)十月,松永久秀不敌织田信长的攻击,在大和信贵山城败

---

① 下克上:指处低位者赶走居高位者,夺取权力。

北而死。当时，织田信长的部将佐久间信盛命令家臣在箭楼下大喊，让松永久秀将名为"平蜘蛛"的茶壶让给织田信长，这是当时闻名于世的名品茶壶。织田信长在这前后曾声称要在京都、堺①等地"猎获名物"，积极收藏名品茶具。一方面织田信长自己有收藏欲望；另一方面他将收集来的名品茶具赏赐给战功卓越的武将，从而激发他们的忠心。众所周知，丰臣秀吉就是这样，成为超过织田信长的名品茶具收藏家，而且在织田信长横死后，他接管了织田信长的司茶者们——今井宗久、津田宗及、田中宗易（千利休）等，成为出类拔萃的武将茶人。

话题再回到松永久秀，实际上他之前曾将名为"九十九发"的茶罐献给织田信长。他这样回答道：

> 我本打算将九十九发茶罐与平蜘蛛茶壶带入冥府，但非常遗憾，茶罐已于前几年献给信长。但是我不会再把这个茶壶和自己的头颅也交给信长。

说完，松永久秀将茶壶摔得粉碎，并在城中放火自焚。虽说茶道在武将之间流行，但一个茶具竟然比得上人的生命，甚至比生命还要宝贵。

有关茶具的这种逸闻为数不少。从战国时代来到日本的天主教

---

① 堺：堺市，是位于大阪市南面的工商业城市。室町时代以后，作为与中国明朝和东南亚的贸易港繁荣起来。

传教士们的著述中可以知道,他们似乎也非常关注日本人这种对物的执着。人们倾心于物品,产生特别的审美意识和观念——如果把这称为"物数奇",那么我认为从历史的角度追溯其形成的原因就不是徒劳的,同时也可以探寻日本人性格的一个方面。

吉田兼好的唐物趣味批判

吉田兼好的《徒然草》完成于 14 世纪前半期,即镰仓末期或南北朝初期,其中有这样一段话:

> 唐物,除药之外余缺无妨。书类于本国多流传已广,书写亦可矣。唐船不易之道,止取无用之物,满载渡来,乃至愚也。《尚书》云:"不宝远物。"《老子》云:"不贵难得之货。"(一百二十段)

正如我在第 5 章提到的,事实上从最后一次遣唐船派遣(838 年)前后开始,唐商船的来航逐渐变得频繁,在这种情况下,唐朝的物品"唐物"作为熟语被确定了下来。这一动向一直延续到宋代,搭乘归航商船入宋的僧侣为数不少。11 世纪末期(1072 年)入宋,实现了巡礼天台山、五台山圣迹凤愿的成寻就是其中之一。根据成寻留下的日记(《参天台五台山记》)记载,他获许在国都开封拜谒宋神宗皇帝时，皇帝问道："日本国要用汉地①是何物货？"成寻回答说："香、药、茶碗、锦、苏芳等也。"众所周知平清盛将宋商船的到达区域从博多湾引入兵库港，被公卿们斥责为"天魔所为也"，但是公卿们对唐物的欲求丝毫没有减弱。《徒然草》中指出这种商船的来航在镰仓时期依然非常频繁。1976年在韩国新安海域发现的装载着大量陶瓷类物品的中国沉船成为人们当时热议的话题，这些陶瓷器被认为是中国向日本出口的物品。

说到镰仓时代末期，正是《徒然草》问世的时代。但是《徒然草》中出现的"唐船"与其说是指来自中国的商船，不如说是指从日本去往中国的贸易船只，这些船在当时都被称为"唐船"。唐船归国后，据说"镰仓中多唐物"，还在称名寺举行了唐物展览（《金泽文库古文书》）。

之所以不能忽视镰仓时期唐物的大量涌入，是因为事实上这些唐物不仅通过彼此的商船传来，而且通过远比我们想象更为频繁的彼此禅僧的往来传入的也有不少。例如，高僧的顶相（肖像画）、墨迹、水墨画、各种法器之类。

镰仓圆觉寺的塔头②佛日庵是北条时宗于弘安五年（1282年）请宋朝高僧无学祖元开山建立的寺院。从寺院的物品目录（《佛日庵公物目录》）可知，以39幅诸祖顶相为代表，还有绘画、墨迹、法衣、佛前具足等数量庞大的物品，且这些全都为唐物。墨迹有虚堂、

---

① 汉地：指中国。
② 塔头：指祖师或高僧死后，弟子敬仰师德，在塔（墓）的附近建起的小院。

无准等十余人的；绘画以徽宗皇帝、牧溪为代表，有赵干、李孤峰、李迪、崔白等人的；器具有花瓶、茶碗、茶桶、香炉、香盒、药盒、印笼、圆盆、方盆、烛台、笔、砚、笔架、水盂等众多物品。

值得注意的是，该物品目录中，除了"进献诸公佛日庵绘等事"条目之外，各处都有类似的批注，可知以绘画为主的各种物品被进献给各处，流到寺外。例如，观应三年（1352年）四月十八日，足利尊氏访问该庵时，该庵进献了"四圣绘四幅、寒山拾得一对（虚堂赞）、松猿绘一对（牧溪）、犀皮圆盆一对、堆朱一对"五种唐物。后来该庵也同样给足利义诠、足利基氏、尾张守护土岐赖康、土岐直氏、越前守护斯波高经、千叶介氏胤、上杉左马助等武将进献了各种唐物。需要注意的是，据说将这些唐物献给土岐氏、斯波氏等守护，是作为圆觉寺的庄园（尾张国富田庄、越前国山本庄）被侵占时委托守护们"秘计"（妥善处理）的礼物。将军家姑且不论，这也成为地方守护大名及其家臣获得唐绘唐物的主要契机，唐物离开寺院后成为武将们生活中喜好的物品。据说以婆娑罗大名著称的佐佐木道誉，用唐绘唐物装饰京城的寓所，并雇有两位遁世者（《太平记》），将军家以及上层武士家的这种遁世者被称为同朋众，负责管理唐物，装饰房间。

以上论述了唐物数奇，之所以探究这一点，是因为我非常重视日本人通过唐物数奇培养起来的对待物的感觉，特别是生活美学。

茶与唐物数奇

唐物数奇传播开以后，其特征是与茶道有着密切的关系。例如，镰仓末期，金泽贞显在儿子金泽贞将结束京都六波罗探题的任期回到镰仓之前，寄信给他，其中写道：

又，唐物，茶之盛行，愈胜矣，宜备其具足也。

金泽贞显希望金泽贞将在京都购买唐物具足（器具），"唐物，茶之盛行……"这句话，暗示了两者有密切关系。因为对茶道而言器具（物品）必不可少，在茶道普及过程中，出现了"茶数奇"这一词语。典型的事例见于室町时代前期的代表性歌论书《正彻物语》，在论述和歌时这样写道：

歌数奇有多，茶数奇亦有众。先云茶数奇，涤茶具足，及心之所能嗜建盏、天目、茶釜、水指等各色茶具足者，茶数奇也。若以歌喻之，则好砚、文台、幡纸、怀纸等物，无论何时皆可续咏，集会亦良善者，茶数奇之类也。

之后，文章对"品茶者"（不拘泥于茶具，但能品出茶好坏的人）和"饮茶者"（不论茶的好坏都饮用的人）进行了论述，并讲了各自对应的和歌诗人的类型，即如下所示：

和歌会

此图经常被误认为是连歌会，描绘了本愿寺的觉如 [右室中央] 在编撰和歌集时举行和歌会的场景。里侧悬挂的是柿本人麿的画像（连歌会则会悬挂天神名号）。从此图来看，这一时期还没有壁龛、也没有铺设榻榻米（14 世纪中期）。[《慕归绘》5 卷 3 段。京都西本愿寺藏]

茶人　　　和歌诗人

茶数奇——茶数奇之类（上文）

品茶者——品茶者之类（不拘泥于文具，但能选择词语好坏创作和歌的人）

饮茶者——饮茶者之类（不选择词语好坏创作和歌的人）

保有《万叶集》以来传统的和歌世界，按理应该有自己独特的词语对和歌诗人进行分类，但这里却借用茶人的分类，表示为"XX 之类"。也许说明茶（人）的类型比较容易理解吧。原本"数奇"是指倾心并执着于某物的意思，既然有茶数奇也会有歌数奇。但从上述内容来看，茶数奇要位高一筹，不知从何时起数奇只用来指茶数奇，甚至成为茶道的代名词。

物的装饰空间

物数奇的特征是不断寻求装饰、鉴赏这些物品的"空间"。

推进净土真宗教团化的觉如，其传记《慕归绘》是了解14世纪中叶南北朝时期人们生活情况的绝好资料。其中就有和歌会的场景，描绘了觉如在与朋友吟咏收录在歌集《闲窗集》中的和歌时，大家苦吟的姿态。仔细观察上页图会发现，房间里没有壁龛，里侧的墙壁正中挂着柿本人麿的画像，两边有两幅花草画，构成三幅成套挂轴，前面中间是香炉，两侧各放一瓶花，再前面是放有怀纸的几案。房间中铺着木地板，必要的地方铺着榻榻米。

其中需要注意的是几案，上面放着为和歌会准备的怀纸，但几案通常是中间放香炉，右边放烛台，左边放花瓶，称为三具足。这里放的是一张有腿的几案，简单的木板是比较朴素的形式，称为壁板。因此，如果将放有三具足的壁板（几案）摆放在挂轴的前面，墙壁就被认为是房间的正面。

三具足本来是源于作为佛前庄严（装饰）摆放的供花、供香与烛台，后被摆放在僧侣寮房等处，后来又被引入民间住宅，作为正式场合的房间装饰。这是壁龛出现以前使用的简便可移动式壁龛，也许可以活学活用到现代的住宅当中。

壁龛的出现

这种可移动的壁板（几案）与凸文案（付书院①）、博古架组合，作为装饰物品的空间被设计出来的就是壁龛。这是日本人经过很长时间的唐物数奇创造出来的日本式收纳空间。日本人在吸收、摄取异文化的过程中，逐渐将其变为自己的文化。正如我在遣唐使废止一节中提到，日本文化并不是在异文化影响减弱的过程中培养起来的，恰恰相反，正是通过吸收与改变异文化，将其改造成适合自己特质的文化。壁龛的出现就是最典型的事例。

壁龛出现前后，将军家等一部分阶层开始在房间中铺设榻榻米，这种房间称为座敷——书院房间。座敷这个词语直到现在还包含某种郑重其事的感觉。对于中世室町时代的人们来说，这是一种新鲜感觉的全新的生活空间。而且日本人的生活美学就是以这种书院房间为母体而产生的。

与此相关，我还想说的是榻榻米房间出现以后形成"坐"的生活习惯，特别是视为日本人特征的正坐。在铺有木板的寝殿式住宅中，坐法大致分为两类，一类是坐在椅子或没有靠背的凳子上面；另一类是坐在蒲团上。室町幕府的盛大建筑直到某个时期为止都是寝殿式建筑，例如永享六年（1434年）六月五日，将军足利义教在幕府府邸接见来朝的唐船使者时在正屋举行了室礼，在东面放置一把曲录（椅子）作为主人（义教）的座位，在西面放置两把曲录作

---

① 付书院：指日式房间内设于壁龛旁、带隔扇窗户的固定几案。

为唐使内官的席位,在厢房放置三把曲录作为唐使外官的席位,足利义教看完国书之后,坐在曲录上行茶礼(《满济准后日记》)。可见在正式的场合都是坐椅子的。

因此,日本人正坐的习惯并不是即刻形成的,而是在榻榻米的生活中逐渐形成的。最初前代流传下来的胡坐、乐坐(脚掌合在一起)比较普遍,也有单膝立起的。一般认为,正坐最古老的例子是安放在因船形屋顶而著名的大原三千院往生极乐院本堂中的阿弥陀三尊像的两胁侍(右边是观音菩萨像,左边是大势至菩萨像)。不过,与其说这是正坐,不如说是龟居。因为双脚不是放在臀部下面而是左右分开的,因形状酷似乌龟后腿左右分开的样子而得名。总之,虽然动作稍有不同,但接近正坐的坐法也可以说是自古有之。

但是,所谓的正坐——大腿与小腿重叠,脚趾伸直,脚背贴着榻榻米,两只脚的脚趾重叠,臀部放在双脚上面——是在榻榻米普及之后,草庵茶道形成以后出现的。总之,在正坐一般化的过程中,日本人的审美观无论好坏都是在"坐着的"视线中培养起来的。

《君台观左右帐记》与同朋众

与之前相比,人们对用唐物装饰的书院房间的关注度更高,也是这一时期的特征。下面先来看一下室町幕府书院房间装饰的情况。

在将军家里,负责上述事务的是同朋众,由他们制定室礼——装饰房间的规矩。集大成者被称为《君台观左右帐记》(本章中扉页），流传下来的有能阿弥谱系、相阿弥谱系的抄本。内容如下：

（1）画家录——列举了以宋元时代为中心的一百五十位画家，记载了他们各自擅长的领域。

（2）器具类的说明——用插图说明了陶器、瓷器、漆器等器具类。

（3）关于根据（1）（2）进行的室礼，即关于壁龛装饰、博古架装饰、付书院装饰的描述（有图）。

一般由上述三项内容构成【实际顺序多为（1）（3）（2）】。

从（1）可知，中国的绘画（唐绘）是多么受欢迎，其中宋代牧溪的画虽然在中国评价不高，但因为符合日本人的审美观，因此成为日本人最喜爱的画家之一，牧溪的许多画流传至今。陶器类包括天目茶碗等，表现出唐物"一边倒"的时代状况。这些唐绘唐物中的多数都被历代将军收藏，之所以后来被称为东山御物，一般认为是因为到东山山庄[①]的主人足利义政时期，收藏达到了顶峰。

这里再讲一下同朋众，这是公卿社会没有、武士社会特有的存在，虽然类似的存在在江户幕府中也有，但就发挥文化作用这一点来说，二者无法相提并论。同朋众正是中世（室町、战国时期）的产物。

---

① 东山山庄：指银阁寺。日本室町中期应仁之乱后的足利义政时代，义政住在东山山庄（银阁寺），故有东山殿下的称呼。

同朋众的特征是均为僧侣装束。在京都的若宫八幡宫殿中，有一副描绘室町将军参拜神社时一行人的绘卷，其中出现了三位跟随将军的同朋众。研究中世文化的我一直在寻找同朋众的画证。当我在京都的神社寺院中调查器物展开这幅绘卷出现上述场景时，令我目瞪口呆，因为其中描绘了我多年来一直在寻找的同朋众。

同朋众之所以是僧侣装扮且有法号，一般认为源于一遍开创的时宗其僧侣（称法号）要跟随武将奔赴战场，在武将临终（战死）时"传授十念"——诚笃地祈祷冥福，这就是从军僧。提到武将的宗教马上会想到禅宗，由于其他原因——与送葬有关，镰仓末期以后禅宗成为不可或缺的存在。关于时宗的从军僧，比如为《太平记》等军记物语提供了素材等，应该说的事情有很多，但这里我只想指出，这种时宗信徒（也称"时众"）被纳入室町幕府的职务编制时，仍然用具有宗教意义的同朋众之名来称呼。其职掌涉及很多方面，从负责跑腿等事务的殿中杂务，到像能阿弥、艺阿弥、相阿弥三代三阿弥那样被称为唐物奉行[①]、会所同朋众等，负责唐绘、唐物的鉴定、装裱、保管以及使用这些唐物来装饰室町幕府府邸书院房间，从事着最上等到最下等的工作。同朋众的人数从足利义满时期开始增多，经义持、义教到义政时期，质和量都达到了顶峰。以从事茶道、香道的千阿弥和花道的立阿弥（都有同名的人）为代表，参加将军家举行的连歌会、和歌会，在当时从事文艺的同朋众为数不少。刚才提到的书院房间装饰，是由上述三位阿弥专门负责的，他们通

[①] 奉行：是日本武士执政时代的官名。镰仓幕府以后，用作衙门长官的官名。

过自己的经验制定了室礼并完成了《君台观左右帐记》。

用精美艺术品把书院房间装饰起来，也就是说，书院房间装饰（室礼）培养了生活美学，从某种意义上可以说它构成了日本人生活文化的基础。

"消弭和汉之界"

到目前为止我一直提到与唐物数奇有关的事情，实际上在足利义政时期，之前的唐物"一边倒"现象发生了变化。应该说在长期唐物数奇的过程中，终于培养出了符合日本人的审美意识。根据15世纪末完成的村田珠光①的"心之文"记载可知，当时人们喜欢"枯衰""瘦弱"之美，不是从唐物上发现的美，而是从备前物（烧）、信乐物（烧）那样的日本本土烧制的朴素的陶瓷器、也是农民用来保存稻谷的日常杂器之中发现了其独特的美，并喜欢上它。村田珠光在"心之文"中说"融合和汉之境界最为重要"，阐述了不分汉（唐物）和（物）将二者融合起来的必要性，如果考虑到至今为止的唐物"一边倒"现象的话，那么这一现象则表现了日本人对和物评价的提高。

村田珠光又说"皎月无云令人厌"（《禅风杂谈》）。也就是说，比起皓月当空，云间若隐若现的月亮才更有情趣。这与日本人从朴素的和物而不是华美的唐物中发现美的心灵倾向相呼应。"枯衰"的

---

① 村田珠光：是日本室町时代的茶人。日本茶道创始人。

枯淡之美是当时连歌世界中的心敬①所提倡的,对各方面都产生了很大影响,并成为时代思潮。

---

① 心敬(1406-1475):日本室町中期歌人,连歌师。

第13章 · 市中山居

都市的繁华

堺在应仁、文明之乱以后，成为中日贸易的港口，加上参与南蛮贸易，因此非常繁华。此图描绘的是住吉神社的神舆神幸[1]位于堺的御旅所[2]时的场景。图中可见经营各种生意的商铺。战国时期，这些商铺中有很多草庵茶室，不过此图并没有画得那么细致。[《住吉祭礼图屏风》（部分），堺市博物馆藏]

---

① 神幸：迁宫或祭礼时，神体乘神舆等移往新殿或御旅所、祭祀场所。
② 御旅所：神社祭礼的神舆启行时，为迎接离开本宫的神舆而临时供奉的地方。

茶道的"型"

在思考中世的文化与艺术时,我经常想到两个故事。一个是第10章介绍的,墨西哥人奥克塔维奥·帕斯讲述深谙日本文学的几个外国人在巴黎的宾馆里闭门不出,尝试举行连歌会的感受。恰如其分地说出了生活在"个人的文学"传统中的人们对连歌这种"座席的文学"的违和感。

另一个其实是我自身的经历,是学生时代在大德寺举行的茶道研究会上的事情。讲演结束后,在讲演者和与会者的答疑互动环节中,一名男子站起来说:"茶无论以什么样子喝不都可以吗?拘泥于形式毫无意义。"这位发言者是谁呢?就是几年前去世的画家冈本太郎。那时他对传统文化很感兴趣,也出席了此次会议,也许是敢于对"过于正经"的讨论提出异议吧,这让刚好担任主持人的我很难结束会议。

"茶无论以什么样子喝不都可以吗?"这种说法虽然极端但却

是通俗易懂且容易被一般人接受的意见。如果是在其他领域又会怎样呢？

例如，对于歌舞伎，如果提出演员特别夸张的亮相动作不是现实主义之类的意见的话，则会被嘲笑为无知而收场吧。

虽然领域不同，但艺术有各自独立的理念与形式，这也是其存在的理由。那么，具有独特形式的茶道应该也不例外。然而（极端地说）只有关于茶道，当有人说"茶无论以什么样子喝不都可以吗？"的时候，有不少人也认为确实如此。

这是为什么呢？用一句话说，因为喝茶是日常的生活行为，如果只是为了喝，那么点茶礼法、规则规矩都是没用的。即使是倒立着，茶也能喝下去。误解、不理解、偏见暂且不论，我认为没有这样的争论就没有茶道论，相反，难道不正是讨论这些问题之后才能了解日本文化的特质吗？

冈仓天心在《茶之书》中开宗明义指出茶道的本质特征。

> 茶道是以崇拜美为基础的仪式，而这些美则存在了日常的生活俗事之中。

我认为这是对茶道简明扼要的定义，再进一步概括，我想在此将茶道称为"生活艺术"。可以说如何看待茶道这件事情最终与如何理解生活艺术有关。

冈本太郎的发言，一直以来都不曾在我的脑海中消失。茶道这样的艺术形式为什么会出现，其本质是什么？后来我走上历史研究的道路，想通过历史的考察来探究这个问题，不知不觉这已成为我的研究课题。

方丈间四席半

提到茶道——大家大概马上联想到的是四席半茶室吧。四席半为什么会与茶道联系在一起，而且成为其象征呢？一定有相应的理由。

人们开始努力营造四席半为理想茶室是在应仁、文明之乱前后到战国时代初期（15世纪末至16世纪初）。

例如，这一时期代表性的文化人公卿三条西实隆于文龟二年（1502年）六月，在同伴连歌师玄清的斡旋下，购置了一间六席大小的小屋，将其移建到武者小路的宅院内，当时改为"丈间座敷"——四席半大小。丈间是指方丈，即一丈（约3米）见方，因为维摩居士的居所就这么大，由此引申为指代寺院住持的住处，这是方丈（间）的一般用例。源于这个典故，隐士在山野中建造的草庵也称为方丈。鸭长明把自己住在大原隐居日野深山时的住处称为"居庵即净名居士（维摩居士）之迹"，并记录如下：

> 此庵模样，非似寻常。广仅方丈，高七尺内也。（《方丈记》）

这的确是方丈之庵。由于方丈间是一丈（约3米）见方，比四

东求堂 同仁斋

这是足利义政在东山山庄中建造的持佛堂东北面的房间。由博古架与付书院组成，虽然没有壁龛，但却是现存最早的四席半书院房间。在拆解修缮时，天井内侧发现了"地炉间"的墨迹，证明曾在地板上砌出地炉作为茶室使用。

席半（约 2.7 米见方）约大内成。在日本之所以方丈间等于四席半，是因为正如鸭长明在《方丈记》中反复提到的那样，生活所需最小面积的草庵如果用日本的方式来表现的话，四席半最为合适。

这样一来，方丈间或四席半通过隐士草庵的形象，成为脱离世俗的空间，也被用来代指这一空间的大小。需要注意的是，这是只有四席半空间才具有的意义。

追溯到稍早一点的时期，将军足利义政在东山山庄中建造的持佛堂（东求堂）西北面的房间被称为"同仁斋"，也令我很感兴趣。

这一名称是足利义政与相国寺禅僧横川景三商量后决定的，出自中唐文学家韩愈（字退之）的语句"圣人一视同仁"（对谁都无差别，平等关爱）。的确，如果四席半是脱俗的空间，其中就不存在世俗的伦理，特别是身份制度，这确实是一视同仁的世界。作为四席半房间的名称，没有比这更合适的了。

另外，同仁斋作为现存最早的四席半书院的遗迹也很闻名，上文提到三条西实隆的房间也是丈间"座敷"。所谓"座敷"，是铺满榻榻米的房间的意思，在当时是新的生活空间。这就是"座敷"一词这一时期包含特别的感情色彩而被使用的原因。也许因为三条西实隆终于拥有了一直想要的四席半空间，之后便在这里开始古典书法的创作，并频繁举行有公卿、连歌师、有时也有武士参与的古典讲解、和歌、连歌的集会。据说堺中的富裕町人、连歌师武野绍鸥也是三条西实隆古典讲解的听众之一，在聆听藤原定家所著歌学入门书《咏歌大概》的讲解过程中，领悟到了茶道的奥妙。关于草庵茶道的创立者武野绍鸥后文还将提到。

市中山居

因有这样的历史，接下来出现的是定型为四席半的草庵茶道，其体现人物是曾居住在京都下京四条的村田宗珠。据说他是村田珠光的后嗣，被认为是这一时期"数奇之魁首"（最出色的茶道者）。参观过宗珠建造的茶室的公卿鹫尾隆康在日记[《二水记》享禄五年（1532年）五月六日条]中写道：

山居之体尤有感，诚可谓市中之隐。

也就是说，虽然处在闹市，却有一种在山野建造草庵的隐士般的情趣。因此可以概括为"市中山居"。不，岂止是可以，"市中山居"最后成为战国时期的流行词语。在文献中出现是稍后的时期，在天主教会传教士陆若汉的著作《日本教会史》中关于堺中富裕町人们的茶道有详细的记载，其中就提到"市中山居"。引文有点长，但因为是重要史料，姑且摘录如下：

　　数奇这种新的茶道样式，开始于著名而富有的堺市。……这座城市中拥有资产的人们，大规模地倾心于茶道。不仅从日本国内，还通过海外贸易获得茶具，除了东山殿（将军义政）的茶具，这座城市拥有最好的茶道器具。此外，当地的茶道在市民中普及，出现了这一领域茶艺最精湛的人。那些人改变了茶道中不太重要的部分，发展完善了现在的数奇。例如，由于空间狭小，不得已建造了比当初更小的房屋，因为这座城市位于一片完全没有清新空气的干涸的海滨平原上，进一步说，西面是被汹涌的海岸环绕的沙滩，周边既没有泉水、森林的清新，也没有京城能看到的、与数奇相符远离尘嚣的、让人沉浸在怀旧回忆中的地方。……堺中精通茶道的一些人，特意栽几棵小树，在小树环绕的地方建造比之前面积更小的别具形态的茶室。人们在那里，在狭小土地允许的范围内，抑或表现田园人家的样式，抑或模仿远离尘嚣的隐遁者的草庵，专注观察自然万象及其中真谛。对日本人来说，将那里作为怀旧的场所是一种习俗，从日本人的性情来说，特别是对于生活在人口稠密的都城以及复杂都市关系与繁重工作中的人们来说，那也是一个非常愉快的场所……

在位于都市的这些狭小的房屋中，人们相邀饮茶，借此弥补这个城市周边缺少的清新隐逸的环境。不如说，在某些方面，他们认为这种方式甚至胜过纯粹的隐居。之所以这样说，是因为他们在都市中找到了隐逸之处并乐在其中，用他们的话说，叫作"市中山居"，意为在闹市中发现的隐逸闲居。

（第一卷第三十三章第二节，译文选自岩波书店出版的《大航海时代丛书》Ⅸ）

都市的生活文化

关于京都、堺的町人①爱好的茶道被称为"市中山居"，我们再稍作论述。

上述引文中特别值得注意的是最后的地方：

> 不如说，在某些方面，他们认为这种方式甚至胜过纯粹的隐居。

---

① 町人：指日本江户时代住在城市的手艺人和商人。

也就是说，与隐士们放弃都市生活进入山野的隐居形式相比，在自己的生活场所，日常、世俗之中引入草庵并乐在其中的方式更好。这是都市（民）审美意识的产物，表现了"市中山居"——"草庵茶道"就是都市文化本身。也许有人觉得不合适，但茶道的确是日本最初的都市文化。

都市文化可以说是"虚构"的文化，这里所说的"虚构"不是谎言的意思，是指不将日常生活素材原封不动，而是经过某种加工后，人为地使之变为另外事物的作用（力）或者说其结果形成的形态。因此，在基于吃、喝或者插花等日常行为的文化，即生活文化（艺术）中，都市发挥的这种功能、作用也最直接地体现出来，典型事例就是"草庵茶道"。从这个意义上说，我认为日本都市文化的特征是由生活文化——被非日常化了的日常文化——所体现或者所象征的一种文化。

根据陆若汉的论述，堺中的茶人们认为"市中山居"胜于本来的"山野山居"。我认为这也是日本人具有的现实主义、现世主义的直接体现。追溯起来，这与9世纪至10世纪出现的私日记（"真心"的发现），以及这一时期前后开始的唐物数奇（对物的执着），都是能够在"大和心"（现实处理能力）谱系中探寻到的日本人的性格。

接下来，对于茶道中的日常性与非日常性，我想讲两点。

如上文所述，如果把"市中山居"与宗教联系起来的话，因为在日常生活中引入草庵，所以可以说茶道是宗教信仰的日常化、世俗化的表现，相反也可以说，茶道发挥了日常性、世俗性的宗教作用。在日本，提到宗教的世俗化，经常讲的是寺院、僧侣的作用在于葬礼佛教。当然，这也是非常重要的问题，但我认为也有必要论述这种"被日常化的宗教"。

茶道的飨式

还有一点，关于艺术中的"法式"。这是包含点茶礼仪的"茶礼"，也就是动作中的"型"[①]。既然茶道基于喝茶这一日常行为，那么这就是不可回避的最主要问题。

我想先介绍一下与此相关并具有参考意义的江户后期化政年间（1804—1830年）上田秋成[②]的观点。众所周知，上田秋成是小说《雨月物语》的作者，不要忘记他还是近世后期煎茶蓬勃发展过程中发挥重要作用的人物。《清风琐言》是上田秋成代表性的煎茶著作，对后世影响很大。

作为煎茶人的上田秋成为了说明煎茶的好处而严厉地批判抹茶（茶道），这也是很有名的。他认为抹茶囿于形式，太过拘泥于"法式"，甚至将其批判为"茶奴"。但是，从大阪移居到京都以后，随着他的抹茶知识的丰富，他开始阐述"飨式"。在提到煎茶的普及时，他说道：

（煎茶虽已普及）不立飨式则无技艺之名。想来，饮食乃每日杂□（可能是"事"），正以不立法，乃可凭己所好

[①] 型：作为规范的架势或动作。
[②] 上田秋成：是日本江户后期浮世草子和读本作家、歌人、俳人、国学家。

获益。……若欲习主客礼让，则先行点家（点茶家）之法，普于世。……（煎茶中）寒酸之士（煎茶人）反不好不立法乎？（《茶瘕醉言》）

虽然煎茶已经普及，但由于没有设立"飨式"，所以不能称为技艺或者艺术。他甚至说，如果想要学习主客的礼节，与煎茶相比，更应该参照之前点茶的"法式"（不过最后又说煎茶人也许更喜欢没有"法式"，此种想法没有展开论述）。

正因为上田秋成曾经严厉批判囿于"法式"的抹茶（茶道），我才非常在意他所说的——"想来，饮食乃每日杂口（可能是"事"），正以不立法"。可见，越过抹茶、煎茶的异同问题，上田秋成也在思考"法式"在喝茶这一生活文化中所具有的意义。"茶无论以什么样子喝不是都可以吗？"古代的人们也在思考这个问题。

日常与非日常之间

所谓艺术，可以说是日常的非日常化，通过虚构创作出某种"型"的时候所产生的独特世界。它之所以与茶道有密切的关系，是因为茶道的素材（借上田秋成的话说）"饮食乃每日杂事"，所以如果不通过非日常化创造出"型"（"法式"），就只能停留在"每日杂事"。相反，如果没有"法式"的支撑，生活艺术就被还原为日常性——"每日杂事"。这就是生活艺术世界中"法式""型"特别受到关注的原因。

即便如此，正如在宫座①的神人共食、一味同心等祭礼习俗中所看到的那样，日本人如此讲究饮食的背景中，重视会客接待中的人际关系，对日本人的喝茶、吃饭文化产生巨大影响的禅宗发挥的作用很大。可以说禅院中关于茶礼、食礼的"清规"是茶道的母体。这就是人们对"飨式"比较关注的原因。

上文提到冈仓天心在《茶之书》开篇的说明，是作为茶汤（茶道）言简意赅的定义。如果让我来详细说明的话，可以说茶道的定义就是：在日常生活中寻求素材，将其创造成某种形式，即"生活艺术"，如果"生活等于素材及日常本身""艺术等于抽象化、形式化的行为及其结果"，那么可以说生活艺术从一开始就是矛盾的存在。如果强调茶的日常性，则无论以什么样子喝都可以，形式（艺术性）是没用的。

但是，如果强调其艺术性，即使是喝茶这种日常行为，通过某种抽象化、形式化的表达，也能够发展成独特的艺术。这一点，无论是绘画还是雕刻，茶道还是花道，应该没有本质区别。然而现实中一旦被问及茶道的形式性（点茶礼法等茶礼）——无论以什么样子喝不是都可以吗？即使你煞费口舌地解释茶道，只因为这一句话很可能就前功尽弃。可以说这是生活艺术所背负的宿命。但是，尽管如此，我们还是应该思考一下日本人创造出这种基于日常性的艺术形式的历史背景和文化意义。可以说"生活艺术"这一领域即使从世界范围来看，也是最为领先的艺术形式，"茶道"就是典型的例子。

---

① 宫座：日本中世村落的祭祀活动。

第14章 · 一座建立 · 一期一会

妙喜庵待庵

定型为四席半的草庵茶室一下子小型化为二席,彻底贯彻了茶道的脱俗性,千利休对茶道的革新在于追求集会的纯粹化。墙壁是锈壁,配合微弱的采光,营造出闲寂的气氛。室龛(用墙土将壁龛的柱子涂饰起来)以及三种顶棚组合等方式让人意外地感到宽敞。

"一期一会"是指巧遇吗？

最近经常听到的词语之一是"一期一会"，广告中也经常使用。这也许反映了人们从物质追求到精神追求的一种社会潮流吧。我偶尔看电视时，看到有个演员讲述旅途中在意想不到的地方与朋友相遇的"一期一会"的回忆。那人似乎把"一期"——人的一生——中的"一会"——见一面（或者不见面）这种偶然的奇遇理解为"一期一会"。这大概就是通常的理解吧。我手头的词典也解释为"一生只见一次"。

但是，这样的解释不仅与这个词语刚出现时的本意不同，与之后的用法也不一样。

"一期一会"虽然没有完全演变成为四字熟语，但作为词语初次出现是在天正十五、十六年（1587、1588年）前后，堺中的茶人山上宗二写了一本茶书——《山上宗二记》，他将与茶道相关的事情记录下来并送给了四五个人。书中的一节如下。

一、客人振（之）事在于一座之建立，条条密传多也。一义乃为初学者绍鸥口传之，但当时宗易嫌也，端端夜话时云言出，第一，朝夕相聚之谊，开茶具抑或启新茶自不必言，虽日常之茶会，自入甬道至出甬道，须视若一期一度之会，敬畏亭主，世间杂谈无用也。

一、茶之点前无言，次主人振之事，当诚心尊敬客人，贵人之茶汤高手自不必言，常参会之人，亦应于心底视若名人，称呼客人专--也，开茶具岂一人耶？

也就是说，上述这两条——"客人振（之）事""主人振之事"阐述了茶会中客人、主人各自应该具有的心意，因此，"客人振""主人振"的"振"是指"举止"，写全的话，应该是客人"振舞"[①]与主人"振舞"。但是，仔细读就会发现，从两者共通的语句来看，虽然客人、主人立场不同，但应该具有的心意是相同的——即敬畏对方，这就是其主旨。"一期一会"最大限度地表明了这种敬畏之情的行为举止。

也就是说，即使是每天朝夕相聚的情谊，（在茶席中）因为认为是一生只见一次的茶会，所以客人对主人、主人对客人都应该以敬畏之心。其中重要的地方是"即使是每天朝夕相聚（随时可以见面）的情谊"，纵使是这样的关系，也应该抱有"一生只有一次"的心情

---

① 振舞：举止，行为，动作。

去尊敬对方,这是主人、客人行为举止的核心,而不是说一生有或没有一次的巧遇。倒不如说,这是表现日常层面人际关系的词语。

如此为对方着想是很了不起的,如果一直保持这种想法,那这个世界一定会实现没有战争的和平,可我觉得现实与此背道而驰。即便如此,这种观念、伦理是在怎样的情况下产生的呢?即使是在重视集会性的连歌会上,也没有形成这种"一期一会"的观念。

茶道是什么?如果让我用一句话来概括的话,我会毫不犹豫地回答是"一期一会",因为我认为这种人际关系既是人们理解茶道也是理解日本文化的关键。

两种"一座建立"

《山上宗二记》中说主人行为举止、客人行为举止中重要的"在于一座建立"。因此,如果概括为"一座建立"这个四字熟语的话,其意义大概是指聚在一起的人们能够开心地度过这段时间。

提到"一座建立",也许人们立刻想到的是比山上宗二早一个世纪的《风姿花传》中所说"此艺以众人爱敬为一座建立之寿福"的世阿弥的一座建立论(第11章)。世阿弥说"此艺无力以见所[①]为本",把让(观众)理解视为演员的生命,由此展开了观众论、演技论。也就是说,只有得到观众的爱敬——理解、支持,一座——这里指世阿弥率领的观世座(剧团)——才能够存在下去。或者说,

---

① 见所:能乐堂等场所的观众席。

要想在"与其他剧团举行的能乐竞技"中取胜，就必须掌握众多曲目，而且还要自己创作曲目，为此，了解古典艺术是非常必要的。可以说世阿弥所展开论述的全部文艺论最终都是为了"一座建立"，这样说并不为过。

这样看来，"一座建立"的关键在于互相理解与关系融洽。在这一点上，世阿弥所说的"一座建立"与山上宗二所说的"一座建立"有着共通的要素。但两者之间又有着决定性的不同，前者是指演员与他人（观众以及其他猿乐剧团）关系中受到关注的猿乐剧团，后者从一开始就是指集会内部，即参与聚会者之间的关系问题。因此两者是不同的。但并不是说是内部的事情，只要人们关系融洽，就能实现"一座建立"。

我想聪明的读者已经注意到，因为上文引用的《山上宗二记》中提到，千利休在茶会夜聊时经常提到讨厌最近人们之间的这种行为举止。这一点值得关注，先聊聊其他事情之后我会再回到这个问题上来。

四席半与小间

茶道世界中形成的"一座建立"观念，是明显基于人际关系的，所以可以认为它与设立"一座"的空间——"场所"密切相关。

之前在"市中山居"一章（第13章）论述了将四席半草庵引入日常生活场所，在京都、堺等地的富裕都市居民之间普及开来的事实及其意义。在这一过程中诞生了由堺的茶人领袖武野绍鸥制定的定型为四席半的草庵茶礼。让人印象深刻的是山上宗二称其为"绍鸥的法度"。茶礼不是法律，但由于武野绍鸥的茶礼具有相当大的影响力，因此被称为"法度"。而且，据说千利休的茶礼也不例外。

千利休在三四十岁之前一直遵守武野绍鸥的"法度"，茶室也是四席半的"誊本"，但到了61岁之后，改为使用三席、二席半茶室。在京都也开始建造一席半茶室。

可知，千利休从三四十岁直到50多岁时仍然没有走出武野绍鸥的茶道世界。"誊本"正如字面意义是指复制的意思，这里是指建造茶室，也就是说千利休一直使用武野绍鸥推广的四席半茶室。这样说来，千利休虽然在今井宗久的推荐下成为织田信长的司茶人[1]，但在织田信长的时代，还没有作为茶人发挥其独立性。从上述山上宗二的说明也可以了解到这一点。

千利休61岁时之所以突然发生改变，是因为天正十年（1582年）六月，织田信长横死之后，他变成了丰臣秀吉的司茶人。千利休不仅成为首席司茶人，而且还发挥了丰臣秀吉亲信的作用，成为连大名们也自叹不如的存在。千利休的创意正是在这一时期被不断推出的。指导长次郎制作的手工捏制乐茶碗是如此，建造比四席半更小的小间茶室亦是如此。这些都集中在天正十年后半年或十一年直到十四年之间很短的一段时间里。需要注意的是，丰臣秀吉为了称霸天下，锐意建造大阪城的时期也正是千利休的创作时期。

位于山崎（现在京都府乙训郡大山崎町）的妙喜庵待庵，虽然

---

[1] 司茶人：指日本室町、江户时代武士家中专管茶道之人。

没有确证，但被认为是千利休的作品，是数量极少的国宝茶室。不仅只有二席大小，而且这个茶室中第一次尝试使用"小门"（后来的"膝行门"），这一点也备受关注。

待庵平面图

二席。地炉设在角落，有壁龛，还设有等候室以及一席大小的准备室。可见虽然总体沿用四席半的规模，但是茶室被隔成二席大小。主人从茶道口进来后坐在地炉前面，开始点茶。客人从膝行门（小门）进入，坐在壁龛前面。一边欣赏主人的茶艺，一边等待品茶。

待庵中的尝试

用一句话概括千利休在待庵中所做的尝试，就是彻彻底底的"草"。书法中"真、行、草"的"草"是指事物最简化的形态。

虽然四席半茶室是相对于之前书院房间的"真"而诞生的

"草"，但在草庵茶道普及的过程中，四席半成为正统，变成了"真"的空间。小间是以与四席半相对的形态被设定的，是更加彻底的脱俗空间。

不过，从上述平面图可知，待庵从规模上看仍然是四席半。实际上江户时期也有将待庵作为四席半茶室介绍的书籍，不能断言这就是错的。千利休虽说缩小了茶室规模，但并不是一下子就建造了二席茶室，而是将室内的一部分隔起来作为二席茶室使用，可见即使是"名人"（《山上宗二记》）千利休，也无法简单地超越历史实现飞跃。传统与创造，就是以这种连续与非连续的关系而存在。茶室名副其实变为小间是从下一个时期开始的。四席半被认为是"真"，小于四席半的小间被认为是"草"，拥有这种茶室组合的人被认为是最出色的茶人。

"小门"也是同样。待庵的"小门"是最早的遗迹，与之后的"小门"（膝行门）相比稍大一些。但这反而证明它是早期的事物。

"小门"的意义

"小门"与千利休将茶室小间化有密切的关系。

之前的茶室一般都在外部设有檐廊（回廊、外廊），要从庭园前即甬道进入茶室，需要先走上檐廊，在那里打开一人高的拉门，进入室内。但是，千利休将檐廊拆去，从甬道直接进入茶室。这样一来，自然拉门也就不需要有一人高，大约只要半人高就可以了——于是"小门"便诞生了。

待庵的膝行门

过去称为"小门",一般认为是由千利休引入茶室的。比后世的"小门"稍大,表明这是早期的结构。"小门"起到了从空间、心理上区分内外的"结界"的作用,与茶室的小间化一起飞跃性地提升了茶室的精神性。

千利休赋予"小门"的思想是什么呢?这就是"结界"的思想。

通过拆去由外到内中间领域的檐廊,使茶室内外直接相对。也就是说"小门"成为区分外与内、俗与圣、日常(性)与非日常(性)

的名副其实的"结界"。通过穿越这道门，不仅在空间上，而且在心理上的转变也非常明晰。此时，正因为室内是小间才形成了神圣的非日常空间。从这个意义上讲，茶室的小型化与"小门"的出现是表里一体的，成为后来彻底的草庵化所不可缺少的要素。

这样一来，开始于待庵的小间茶室，通过"小门"的设置，使其脱俗性更加彻底，同时成为实现聚集在那里的人们"真心交往"的空间，这就是茶道世界中产生非常密切的人际关系的原因。

座席中的个人

"一座建立""一期一会"就是在这样的过程中产生、发展起来的。

茶会的记录即"茶会记"从16世纪前半期即天文年间（1532—1555年）开始出现，被称为"天文茶会记"。详细记录时，标题还有"数奇"与"振舞"等字样。"数奇"是茶事的记录——记录茶席、出席者（主人、客人）、使用的茶具等——关于"数奇"成为茶道代名词的情况已在"物数奇的谱系"一章中论述过。与此相对，正如记录中有时出现的"料理""仕立"一样，"振舞"是指茶会中端出来的饮食。既然正式的茶会由狭义的茶会与饮食构成，那么记录中出现的饮食就是理所当然的，但为什么用"振舞"指代饮食呢？

"振舞"原本指行为、动作，从意识到他人的行为中产生礼貌待人、亲切待人以及招待他人的意识，饮食招待被认为是最好的待人行为，因此具有了"饮食"的意义。这是语言通过人们的行为获得新意义的语言活动的典型事例。

"振舞"这一词语在获得饮食这种即物形态的同时，当然也成为表达行为主体（人）的心意的词语。具体来说，即本章开始时例举的"主人振（舞）""客人振（舞）"，其中产生了"一座建立""一期一会"的观念。

山上宗二记录了与"一座建立""一期一会"相关的事情。山上宗二说关于此，武野绍鸥流传下来很多密传——绍鸥强调了"一座建立"的重要性——之后，又写道"但当时宗易（千利休）嫌也，端端夜话时云出"，乍一看，似乎是说千利休只讨厌"一座建立"，但其实应该是包括"客人振（舞）"标题下所说的全部内容。因此这里实际是说千利休讨厌武野绍鸥强调的"一座建立""一期一会"。顺便说一下，此处"当时"是指最近或当下的意思，这也说明千利休正逐渐从"绍鸥的法度"中解放出来。

尽管如此，千利休基本继承了武野绍鸥的茶道，并试图将茶道的宗旨朝着更加彻底化的方向进行了革新，但他为什么会讨厌与茶道根本理念相关的这种观念呢？山上宗二没有写明理由，我们只能想象，我认为也许千利休无法赞同的是茶会中"一座建立""一期一会"指一味地与对方融合、同化，换句话说指聚集在那里的人们放弃个性，毫无原则地融合。也就是说也许千利休认为聚在一起的人们并非只要关系融洽就可以，个性的相互切磋与敬畏才是最重要的。据说千利休经常说"与人不同"，不与别人做同样的事情，不模

黑乐[①] **茶碗铭"大黑"——重要文化财产**

与茶室一起体现千利休造型美的是茶碗。这是利休指导长次郎制作的手工捏制茶碗,无论是被称为"宗易[②]形"的端正厚重的形态,还是黑色的色调(所谓的"利休灰"),都是利休审美意识的终极造型。不过丰臣秀吉并不喜欢黑色。

仿别人,也就是说要保持个性,不轻易趋同。

我想千利休并没有从根本上否定"一座建立""一期一会"的观念。正因为如此,山上宗二在写了千利休讨厌"一座建立"之后,作为重要事项又写了主人及客人的行为举止。千利休给世间随波逐流的倾向敲响了警钟。

我认为茶道所追求的人际关系、集会性的伦理结果,就是"一座建立""一期一会"的观念,其中包含我们必须思考的根本问题。

---

① 黑乐:用黑色不透明的釉烧制的器物。
② 宗易:千利休出家的法号。

井伊直弼[①] 的《茶道一会集》

"一期一会"这一词语及其观念为世人所知并非通过《山上宗二记》，而是通过幕末井伊直弼所著的《茶道一会集》，在其死后被介绍给世人的。提到井伊直弼，是安政大狱中臭名昭著的人物，住在埋木舍时刻苦学习，写了以《茶道一会集》为代表的许多茶书，是一流的茶人。《茶道一会集》也可以说是江户时代形成的茶道论的集大成著作。其中下面两段文字——写了《茶道一会集》宗旨的序文以及正文中说明"独坐观念"（茶会之后，想念客人，独自在炉边饮茶）的部分——可以说是名篇也无妨。这里不再多做说明。

（序）

抑者，茶汤之会谓一期一会，且如，虽同一主客屡次相会，若念今日之会一去不返，实为一世一度之会也。因客人离去，主人万事挂念于心，尽深切诚意无微不至；客人亦知此会难再逢之事，深感主人趣向及无不尽心，以诚相会也，是谓一期一会。主客务必皆不应等闲行茶会之事，即一集会之奥义也。

"独坐观念"

主客皆生余情余心，退出寒暄毕，客亦出甬道，不高声语，静顾而出，主人更当如是，目送客人至不见也。又，

[①] 井伊直弼：是日本幕府末期彦根藩藩主。

中门①、猿户②、隔扇等，早早闭立，则甚为无趣，一日款待化为乌有，虽不见客之归路，亦断不可急于收拾。遂寂然还茶席，此时由小门入，独坐炉前，更欲少语之，不知已行至何处。今日，一期一会毕，念不再重来之事，或自点自饮，是一会奥义之习也。此时，寂寞一人，相语者仅茶壶一口，别无他物，诚为不自得难至其境界也。

这里再来回顾下冈本太郎的话——茶无论以什么样子喝不是都可以吗？的确如此。然而为了喝一碗茶，日本人（茶人）建造茶室，铺设甬道，思考点茶礼法，根据季节、时间选择茶具。在这种情况下，可以说茶道变成了宏大的虚构世界。而且不只在空间上，对于聚集在那里的人们的行为举止——也要求有"一座建立""一期一会"的观念。这种行为举止是集会性的伦理性结果，这与同样是品茶会，积累博彩、享受娱乐的中世茶竞技阶段相比，犹如隔世。

人们对茶道的毁誉褒贬，是其作为生活艺术的宿命，未来大概也永远无法从中解放出来。但是，通过制定茶礼使极其日常性的生活（行为）抽象化、形式化，并作为一种艺术形式，在这一过程中培养了人与自然、人与物、人与人之间的审美意识与伦理观念——如果这就是茶道世界的话，那么可以说阐明茶道的构造、美学与精神是我们今天尤其要重视的研究课题，400 年前就已经提出这些的正是"茶

---

① 中门：指茶室庭院的外院和内院之间的门。
② 猿户：指庭园入口处的木门。

道"。本章从变小、再变得极小的空间与其中的人际关系、伦理等为中心对这一课题进行了论述。为什么讲到这里呢？也许有人会不喜欢。但我认为茶道具有的特质超越了个人好恶，具有作为日本文化的问题进行思考的价值。

第15章·大众文化的构图

女性与花道

元禄时期茶道与花道在町人阶层传播的过程中,被女性视为重要的嗜好。这成为同样受到町人阶层支持的浮世绘的绝好题材。浮世绘通常热衷描绘艺妓,此图是喜多川歌麻吕[①]的作品,是描绘吉原扇屋的五位艺妓各自插花的"五节花合"图中的一幅。表现了插花艺妓的娇艳姿态。[东京国立博物馆藏]

---

① 喜多川歌麻吕(1753—1806年):喜多川歌麿,日本江户后期浮世绘画家。

松尾芭蕉的元禄三年

因为松尾芭蕉在一生的旅途中不断吟咏俳句,与俳句一样,游记等散文也占据松尾芭蕉文学的重要部分。其晚年作品——《笈中小札》《奥州小道》最为有名。这里引人注目的是写在《笈中小札》开篇的语句:

> 终无能无艺,只系此一道。西行之和歌、宗祇之连歌、雪舟之绘画、利休之茶道,其贯道之物一也。

松尾芭蕉认为西行[①]、宗祇[②]、雪舟[③]、利休虽然领域不同,但贯穿

[①] 西行:是日本平安末期、镰仓初期的歌人。在《新古今和歌集》中为第一位作者,有94首入选。
[②] 宗祇:是日本室町后期的连歌师、古典学家。
[③] 雪舟:是日本室町时代后期的画僧。

他们艺术之路的事物是相同的，自己虽然无能，但仍然专于此道。这一般被称为松尾芭蕉的"风雅论"，可以说这段文字不只是在单纯阐述文艺的根本理念，而且是最早的跨领域进行综述的日本文化论。

我认为理解文化重要的是不仅要了解现实存在并被人们享受的文化的形态，还要理解文化的特征以及其中蕴含的理念。在这一点上，松尾芭蕉的上述文字虽然简洁，却超越了之前局限在各领域内的讨论，是想要将文化作为整体来把握的日本文化论的最初尝试。在这之前，松尾芭蕉在奥羽之旅（《奥州小道》）中，到达了"不易流行""轻灵"俳谐论的巅峰。所以，松尾芭蕉在奥州小道之旅以后写的《发中小札》中的上述论述——"风雅论"可以说是他思想的顶峰。

与上述文字几乎有相同宗旨的文字也出现在奥州小道之旅以后，元禄三年（1690年），松尾芭蕉在近江幻住庵逗留时写的随想《幻住庵记》的初稿中写道：

> 终无能无才系此一道。凡西行、宗祇之风雅，雪舟之绘画，利休之茶道，虽贤愚不等，其贯道之物一也。

即使作为草稿，上述文字也稍显格调低沉，我想要关注的是，这在松尾芭蕉的意识中第一次出现了千利休。也就是说，由于松尾芭蕉写《幻住庵记》的元禄三年正值千利休去世100周年，当时社会上出现了种种憧憬千利休、回归千利休的迹象，因此"元禄三年"也对松尾芭蕉产生了影响。

松尾芭蕉的作品中有些吟咏茶的俳句，例如：

隐居柴门里，狂风为我扫落叶，煮茶独自吃。（延宝八年）
遍山采茶女，好似秋风掠枯叶，纵然已不知。（九年）
寂寞清澄月，月侘斋奈良茶饭，继续吟俳歌。（九年）
迷离马背眠，残梦犹在月已远，幽然起茶烟。（天和四年）
清晨品茶茗，勤行归来赏菊花，寂静浮清香。（元禄三年）
宇治棣棠花，焙炉煎茶芳香汇，不辨花香味。（四年）
郁郁茶丛中，时隐时现采茶女，忽闻杜鹃声。（七年）
四处橘花开，骏河路上香飘洒，恰似茶滋味。（七年）
俳席四席半，寂寞秋凉惹人哀，相知心相邻。（七年）

上述俳句虽然不是吟咏茶道或茶会的，但就像最后一句那样，作为吟咏四席半茶室中茶会的俳句也非常合适。岂止是合适，我想（作为茶诗）没有比这能更好地吟咏四席半茶室中茶会本质的诗歌与文章了。

这首俳句是元禄七年（1694年）六月二十一日，松尾芭蕉与大津的门人在木节庵（医师望月氏）中门徒相聚，举行俳句会时创作的。松尾芭蕉两个月后就去世了，因此这是其晚年最后的作品，我想松尾芭蕉吟咏四席半茶室的意识中肯定存在着四席半象征意义的茶道。

旅行导游手册

据说日本人对旅游的热爱，让德国人肯贝尔[①]都吃惊，在江户时代，随着时间推移越来越盛行旅游。除了江户、大阪、京都等大城市之外，随着城下町[②]、港町[③]等地方城市的发展，各地的町人们纷纷外出旅游。目的地主要是参拜伊势神宫以及游览京都。这与筹集旅费的互助会的普及，伊势神宫御师的参拜向导、介绍住宿（所谓御师宿）等让旅游变得容易的组织机构的完善不无关系。京都有可以长期逗留的宿处，也有把特产寄回家乡的运输方式，人们可以充分享受旅游的乐趣。

旅游的盛行需要旅游指南手册之类。特别是京都，由于出版文化业的发达，出版了各种京都导游手册，后来还出版了具有更详细内容的地方志以及配有让人赏心悦目的插图的名胜古迹画册，并在各地普及开来。

这样看来，旅游的发展本身可以说是庶民文化的体现。从城市的角度来看，由于武士和新兴町人成为新的文化享受者，带来了艺人人口的急剧增长。

[①] 肯贝尔：（1651—1716年），德国医学家、博物学家。元禄三年（1690年）起在长崎出岛的荷兰馆行医约2年。著有见闻录《日本志》（节译本名为《江户参府纪行》）。

[②] 城下町：指以武士城堡为中心发展起来的市镇。

[③] 港町：指以港口为中心发展起来的城镇。

女性与文艺

另外,提到艺人人口的增加,不能忽视女性的存在。武士及町人的妻女真正爱好茶道、花道也是从元禄时期前后开始的。例如,元禄年间出版了与《男重宝记》并列的《女重宝记》一书,花道被视为"女人爱好的艺术",所以17世纪末期,女性参与花道已十分普遍。在大阪,以石州流茶道自成一派的大口樵翁(1689—1764年)在享宝六年(1721年)写成《刀自袂》,希望帮助女性步入茶道。不过,大口樵翁认为茶会中如果主人是男性则没有问题,如果主人是女性,客人是男性,则主人"不能亲手递受"茶碗。或者主人无论是男性还是女性,都不能只邀请一位异性作为客人。正因为茶会是在茶室这种有限的空间内举行的,才更让我们看清封建道德的面孔。如此说来,这一时期前后被称为"宗旦四天王"之一活跃于茶道界的杉木普斋(1628—1706年)写的"壁书"(茶会的规则)中有如下内容:

一、谈虽言数奇技,亦不可带女性来。

从上文可知,女性参与茶道的道路还很遥远,或者说这实际上正好反映了女性已经开始参与茶道,虽然有些微妙,但可以认为是后者。香道也是如此,时间上稍晚一些,女性门徒变得引人注目是进入19世纪以后的事情了。

总之,在包括女性在内的文化享受阶层扩大的过程中,出现了下面几个特征性的文化现象。

启蒙书的出版

首先是涉及茶道、花道、香道等内容的众多书籍的出版,这里不逐一罗列书名。从17世纪末至18世纪前半期,从元禄至享保年间出现了出版的高潮。这一现象也反映在谣本①的出版上。

而且,这些书籍的共同特色是:第一,都是启蒙性的内容。稍晚一些即明和九年(1772年)出版的《茶道早合点》的序文中说明了此书的宗旨,即为不了解茶道的人所写,不是写主人而是写客人被邀请参加茶会的心得等。"早合点"不是指自以为是而酿成错误,而是指速成理解、速成入门的意思。此外,从《古今茶道全书》《古今花道大全》等书名也能看出,这些书籍网罗了所有相关内容,还有像《立花训蒙图汇》那样用插图进行通俗易懂的说明也是其特征之一。如果是现在,可能会用照片吧。这些书籍被广为需求的大众启蒙时代就开始于元禄时期。

但是,需要注意的是,这些启蒙书籍的大量出版,带来了艺术文化的类型化与平均化的结果。

贝原益轩的"童蒙之助"

这里我想列举两位启蒙时代的代表人物——贝原益轩与薮内竹心。

---

① 谣本:记录能乐演唱的词章及曲调的书。

首先是贝原益轩（1630—1714年），他是筑前福冈藩的儒学家、博物学家。提到贝原益轩，大家可能立刻想到的是《女大学》《养生训》。前者作为论说诸如"丈夫是天"之类的封建道德书籍非常有名，但此书被认为是后人根据贝原益轩的著作改编的，因此我们有必要稍微改变一下对贝原益轩的看法。《养生训》是医学方面的启蒙书，与此相对，《女大学》是关于道德的世俗通用的通俗文章。总之，贝原益轩绝不是狭隘的道学家，更确切的说他是当时最具合理主义精神的人。

贝原益轩从宽文五年（1665年）36岁开始直到正德四年（1714年）85岁去世为止，一直持续写作，平均一年完成两本著作。这确实是旺盛创作的一生。尽管如此，益轩在71岁时仍然感叹说自己学问不足，不能写出"世间通用的俗文"而感到遗憾。

《三礼口诀》

贝原益轩于元禄十二年（1699年）完成的著作中有《三礼口诀》。三礼指书礼、食礼与茶礼，被认为是日常生活中最必要的礼法。口诀指口传，但既然采用书本的形式，就不是严格意义的口诀（口传）。关于口传，后文还将提到。中世学问、文艺中重要的地方都是秘事口传，即不写成书，而直接由师傅传给弟子。这里是指一本记载了值得口传的重要之处的书籍，书中说"收集日常应用紧要（之事）"，确实是民生日用的书籍。为了便于参考，现将书中"茶礼口诀"的序文摘录如下：

茶自中世以来同为和汉日用饮馔风雅之品。其中，近世我日本尤好此物，赏玩之事超过异国。若不知其礼，临宴会之席，虽勇猛之士亦无计可施、羞愧难当、颜面尽失。于此，叙素来偏听饮茶之式为茶礼口诀一卷，虽实不免识者之谤，然亦可谓少助童蒙也。

引文中说"虽勇猛之士……"，可见此书直接以藩士为对象，但此书一经出版，也被武士以外的人们广泛阅读。不管怎样，贝原益轩不是个例外的茶人，他写的茶礼之书仍然是从儒者立场出发的人伦之书，但儒教色彩极为淡薄。书中也贯穿了以"民生日用""童蒙之助"为目的的贝原益轩著作的特征。

薮内竹心的《源流茶话》

另一位是薮内竹心（1678—1745年），从名字也可以知道他是茶道薮内流的五代宗师，同样作为从儒学（朱子学）的立场出发猛烈批判茶道世界的茶人而闻名。

薮内竹心说："近世，遍城乡之四民尽赏玩（茶）之事，虽谓茶道繁盛，然事虽盛实则衰。"也就是说，所有流派都是忘记"本源"的"末流"，因此必须回归千利休。薮内竹心认为古田织部、小堀远州、千宗旦等虽然都是杰出的茶人，但或者有实无华，或者华而不实，各有长短。与此相对，千利休则枝叶繁茂，华实兼备，这是其他宗匠无法企及的。薮内竹心强调说千利休在所有方面都很优秀。

当然可以想见，由此产生的是所谓千利休无谬性的千利休茶圣化。可以说这是正值迎来元禄三年的利休百年忌辰时，在回归千利休的过程中对其最为强烈的赞美。

从茶汤到"茶道"

如果说在对茶汤现状的批判中提出了对千利休的茶圣化，那么薮内竹心论点的另一个特征就是茶汤的"茶道"化。薮内竹心说，茶汤是"款待之游筵""珍器之玩兴"，所以有种说法是将茶汤视为招待客人用来享乐的事物，但茶汤并非"游兴"之类。儒释之道如果不读书参禅是无法领悟的，所以能够让一般人知道侍奉君长、结交朋友之道的"茶道是我朝世教之一路""清净礼和之道"。虽然这里只引用了薮内竹心的部分论述，但我想大家已经知道薮内竹心在茶汤中追求的是具有强烈儒教色彩的伦理。之前我一直没有区别使用"茶汤""茶道"等词语，从薮内竹心的意见来看，当在"茶汤"中引入伦理、道德时就成为了"茶道"。

其实，给茶道、花道这样的技艺冠以"道"之名来称呼正是这一时期。"道"化可以说是艺人人口增加的过程中出现（需求）的精神性、道德性的表征。令人惊讶的是，虽然同样是儒学立场，但贝原益轩与薮内竹心的思考方式却完全相反，前者是实利实用式的，后者是道德伦理式的，但二者都是应对这一时代的方式。前者的目的是对大众传播知识教养，后者的目的是言说道义。

插花会的情景

位于众人中间的是宗匠,其他大概是门人、参观者。在花道流派分立的过程中,租借茶室举行的插花展示会逐渐变得华美,甚至有人说器具(花器)相对于花而言变成了主角。[《花道评价当代管窥》所载]

流派的分立

作为艺人人口增多过程中产生的文化现象,我们再来看一下流派的分立。特别是拥有百万人口的大江户具有庞大的文艺市场,表现出典型的状态。

例如,关于花道,明和三年(1766年)出版的《花道评论当代管窥》中有如下记载:

> 当世，插花宗匠多自京都来，或自大阪来。于其宿处打出流派招牌，江都（江户）繁华，游客众多，成为各自门人，称为先生。

这本书也与其他评论集一样，带着讽刺意味剖析了当时的社会状况，即使只有一半可信，也能看出当时有不少人立志成为宗匠，从京都、大阪来到江户，以旅馆为据点打着花道流派的招牌，举行插花作品展示会的情形。同样根据花道评论当代《管窥》记载，在宣传自己流派的基础上，因为"此处插花会，彼处展览会"的举行，不仅带来了插花会的大流行，而且作为必然的趋势，插花会中的花器等尽善尽美，变得奢华，花器比花更引人注目。许多人租借茶室作为展示会场，也是助长华美之风的原因之一。这真正是宗匠的时代，宗匠不断出现、消失。于是有人将这种情形称为"十流百家"（《古流生花四季百瓶图》），真是说得太妙了。

家元制度的建立

大众启蒙时代出现的另一个文化现象是家元制度的建立。

学问技艺的传授自古以来就有各种各样的方式。在中世，被称为"师资相承""秘事口传"的方式比较普遍。之所以称为秘事口传，是因为对于师傅（匠）来说特别优秀的弟子（资），重要的内容不以书面形式而直接以口头形式传授。因此，这种传授方式的特征是一对一封闭式的，由师傅将秘事全部传授给弟子。

采取这种方式创作出许多作品的是花道（当时叫立花，后来叫立华）的世界，包括应仁文明之乱以后到战国时代出版的花传书——《花王以来的花传书》《池坊宗清花传书》《专应口传》等。所谓花传书，正如《日葡辞书》中所说，是"记立花样之书"，采用手绘卷轴的形式，重要的地方只写着"有口传"，而没有说明，此外，最后写有"不许给别人看"等套话，要求保密。但是，既然写出来，就不可能永远保密。

这样随着花道越来越普及，花传书发行越来越多，秘事口传的方式便瓦解了。而且一对一的方式不能满足人们的需求，到江户时代以后，茶书开始出版发行。一旦采用书籍的形式，就说明这些学问技艺已经不是秘事，而是被广泛阅读，以公开的形式传播。

具有这样的前史，在上文提到的艺人人口增多的社会状况中形成的就是家元制度。

促使家元制度形成的因素中有上文提到的宗匠与弟子门人关系的强化。据说花道池坊家在18世纪末到19世纪初的天明至文化年间，门徒达到20000人。香道的世界中源氏流派在明和年间（1764—1772年）门人有3000人。茶道千家中，元禄时期宗旦四天王之中的山田宗徧是京都寺院出身，杉木普斋是伊势御师[①]家出身，杉木成为宗旦的门徒后在京都寄宿修行的同时，还来到御师之乡的播磨国等地传播茶道。虽然具体人数不详，但从宗旦的时候开始，茶道门徒确实不断增加。

---

① 御师：从事祈祷的神职人员，神社僧人。

这样师傅与弟子的关系变得非常密切,就需要所谓的课本、课程计划。课程计划也可以说是阶段性的教授原则和体系。由此出现了阶段性证明所学内容的"证书",即资格证。以茶道、花道、香道为代表的众多技艺中,从初级阶段到获取秘诀为止,一般都有好几个阶段,每掌握一个阶段后便颁发资格证,当然需要付出相应的金钱代价。这种体系在整个18世纪由各个领域的大小宗匠进行尝试,但结果流传下来的只有花道的池坊家、香道的三条西家、茶道的千家(后来分立为三千家)和薮内家等各自作为家业传承下来的世家。他们取得的成绩以及世家的权威不仅是教授者也是门徒之间所追求的结果。

家元制度的研究者西山松之助基于上述理由把中世的师徒相承现象称为"完全相传",与此相对,近世出现的家元制度,由于宗家保留资格证的最终发行权,因此称为"不完全相传"(《家元研究》)。总之,西山松之助在阐明以资格证制度作为支撑的家元制度是对应以町人社会作为基础的普及技艺的新体系及其意义方面功绩卓越。其结果,关于之后的家元制度,人们能够也需要从其具有的两面性——开放性与封闭性方面进行探究。

家元制度是江户中期高涨的大众文化成熟期的产物。其中出现的资格证制度与今天大众化的大学学分制度基本一致。从这个意义上可以说,这是非常先进开放的体系。另一方面,保留最终资格证发放权的宗家,担任着继承家业以及流派"法式"的任务,当然这就要求宗家一直成为传统与创新的场所,继续为日本文化提供源泉。

中日历史年代对照简表

中国			日本	
夏			约前 2070 年－约前 1600 年	旧石器时代（一约前 14000 年） 绳文时代（约前 14000 年－前 4 世纪） 弥生时代（约前 4 世纪－约 250 年）	
商			约前 1600 年－约前 1046 年		
周	西周		约前 1046 年－前 771 年		
	东周 （前 770 年 －前 256 年）	春秋	前 770 年－前 476 年		
		战国	前 475 年－前 221 年		
秦			前 221 年－前 206 年		
汉	西汉		前 206 年－公元 8 年		
	新		公元 8 年－23 年		
	东汉		25 年－220 年		
三国	曹魏		220 年－265 年		
	蜀汉		221 年－263 年		
	东吴		222 年－280 年		
晋	西晋		265 年－316 年		
	东晋		317 年－420 年		
南北朝	南朝	宋	420 年－479 年	古坟时代	约 250 年－592 年
		齐	479 年－502 年		
		梁	502 年－557 年		
		陈	557 年－589 年		
	北朝	北魏	386 年－534 年		
		东魏	534 年－550 年		
		北齐	550 年－577 年		
		西魏	535 年－556 年		
		北周	557 年－581 年		
隋			581 年－618 年	飞鸟时代	592 年－710 年
唐			618 年－907 年	奈良时代	710 年－794 年
五代	后梁		907 年－923 年	平安时代	794 年－1185 年
	后唐		923 年－936 年		
	后晋		936 年－946 年		
	后汉		947 年－950 年		
	后周		951 年－960 年		
十国			907 年－979 年		
宋	北宋		960 年－1127 年		
	南宋		1127 年－1279 年		
辽			916 年－1125 年		
金			1115 年－1234 年	镰仓时代	1185 年－1333 年
元			1271 年－1368 年	室町时代	1336 年－1573 年
明			1368 年－1644 年	安土桃山时代	1573 年－1603 年

续表

中国		日本	
		江户时代	1603年－1868年
		明治时代	1868年－1912年
清	1616年－1912年	大正时代	1912年－1926年
中华民国	1912年－1949年	昭和时代	1926年－1989年
		平成时代	1989年－2019年
中华人民共和国	1949年－	令和时代	2019年－